# 戦国時代武将列伝

<small>せんごくじだい ぶしょうれつでん</small>

# 目次(もくじ)

### 歴史概要
戦国時代における
群雄の興亡 ——— 4

## 第1章 天下三傑

### 織田家 ——— 10
- 織田信長 ——— 11
- 柴田勝家 ——— 12
- 丹羽長秀 ——— 13
- 前田利家 ——— 14
- 明智光秀 ——— 15
- 滝川一益 ——— 16
- 前田慶次 ——— 17
- 佐久間信盛 ——— 18
- 林秀貞 ——— 19
- 蒲生氏郷 ——— 20
- 織田信忠 ——— 21
- 池田恒興 ——— 22
- 佐々成政 ——— 23
- 佐久間盛政 ——— 24
- 九鬼嘉隆 ——— 25
- 森可成 ——— 26
- 森蘭丸 ——— 27
- 荒木村重／堀秀政 ——— 28
- 金森長近／山内一豊 ——— 29

### 豊臣家 ——— 32
- 豊臣秀吉 ——— 33
- 豊臣秀長 ——— 34
- 蜂須賀小六 ——— 35
- 竹中半兵衛 ——— 36
- 黒田官兵衛 ——— 37
- 石田三成 ——— 38
- 大谷吉継 ——— 39
- 加藤清正 ——— 40
- 福島正則 ——— 41
- 加藤嘉明 ——— 42
- 脇坂安治 ——— 43
- 藤堂高虎 ——— 44
- 細川忠興 ——— 45
- 黒田長政 ——— 46
- 後藤又兵衛 ——— 47
- 可児才蔵 ——— 48
- 浅野長政／仙石秀久 ——— 49
- 小西行長／高山右近 ——— 50
- 小早川秀秋／豊臣秀頼 ——— 51

### 徳川家 ——— 54
- 徳川家康 ——— 55
- 酒井忠次 ——— 56
- 本多忠勝 ——— 57
- 榊原康政 ——— 58
- 井伊直政 ——— 59
- 鳥居元忠 ——— 60
- 本多正信 ——— 61
- 石川数正 ——— 62
- 結城秀康／徳川秀忠 ——— 63
- 服部半蔵／渡辺守綱 ——— 64
- 酒井忠世／柳生宗矩 ——— 65

## 第2章 各地の有力大名

### 伊達家 ——— 70
- 伊達輝宗 ——— 71
- 伊達政宗 ——— 72
- 片倉小十郎 ——— 73
- 伊達成実 ——— 74
- 鬼庭綱元 ——— 75
- 原田宗時 ——— 76
- 支倉常長 ——— 77

### 最上家 ——— 78
- 最上義光 ——— 79

### 北条家 ——— 80
- 北条氏康 ——— 81
- 北条氏政 ——— 82
- 北条綱成／風魔小太郎 ——— 83
- 大道寺政繁／松田憲秀 ——— 84
- 板部岡江雪斎／北条氏直 ——— 85

### 佐竹家 ——— 86
- 佐竹義重／佐竹義宣 ——— 87

### 結城家 ——— 88
- 結城晴朝 ——— 89

### 武田家 ——— 92
- 武田信玄 ——— 93
- 山本勘助 ——— 94
- 山県昌景 ——— 95
- 馬場信房 ——— 96
- 高坂昌信 ——— 97
- 武田勝頼 ——— 98
- 内藤昌豊／秋山信友 ——— 99
- 小山田信茂／木曽義昌 ——— 100
- 仁科盛信／穴山梅雪 ——— 101

### 真田家 ——— 102
- 真田幸隆 ——— 103
- 真田昌幸 ——— 104
- 真田信之 ——— 105
- 真田幸村 ——— 106
- 真田大助 ——— 107
- 真田十勇士 ——— 108
- 猿飛佐助／霧隠才蔵 ——— 109
- 三好清海入道／三好伊三入道 ——— 110
- 穴山小介／由利鎌之介 ——— 111
- 筧十蔵／海野六郎 ——— 112
- 根津甚八／望月六郎 ——— 113

### 上杉家 ——— 116
- 上杉謙信 ——— 117
- 宇佐美定満 ——— 118
- 上杉景勝 ——— 119
- 直江兼続 ——— 120
- 柿崎景家／斎藤朝信 ——— 121
- 本庄繁長／甘粕景持 ——— 122
- 直江景綱／上杉景虎 ——— 123

### 今川家 ——— 124
- 今川義元／太原雪斎 ——— 125

### 斎藤家 ——— 126

| | | |
|---|---|---|
| 斎藤道三 | 127 | |
| 稲葉一鉄 | 128 | |
| 安藤守就 | 129 | |
| 氏家卜全 | 130 | |
| 斎藤義龍 | 131 | |

### 浅井家
| | |
|---|---|
| 浅井長政 | 135 |
| 磯野員昌 | 136 |
| 阿閉貞征 | 137 |

### 朝倉家
| | |
|---|---|
| 朝倉義景 | 139 |

### 足利家
| | |
|---|---|
| 足利義輝 | 141 |
| 足利義昭 | 142 |
| 細川藤孝 | 143 |

### 雑賀衆
| | |
|---|---|
| 雑賀孫市 | 145 |

### 筒井家
| | |
|---|---|
| 筒井順慶／島左近 | 147 |

### 本願寺
| | |
|---|---|
| 本願寺顕如 | 149 |

### 三好家
| | |
|---|---|
| 三好長慶 | 151 |
| 松永久秀 | 152 |
| 十河一存 | 153 |
| 池田勝正／三好長逸 | 154 |
| 三好政康／岩成友通 | 155 |

### 毛利家
| | |
|---|---|
| 毛利元就 | 159 |
| 吉川元春 | 160 |
| 小早川隆景 | 161 |
| 毛利輝元 | 162 |
| 安国寺恵瓊／清水宗治 | 163 |

### 尼子家
| | |
|---|---|
| 尼子経久／山中鹿介 | 165 |

### 宇喜多家
| | |
|---|---|
| 宇喜多直家／宇喜多秀家 | 167 |

### 大内家
| | |
|---|---|
| 大内義隆／陶晴賢 | 169 |

### 長宗我部家
| | |
|---|---|
| 長宗我部元親 | 173 |
| 香宗我部親泰 | 174 |

| | |
|---|---|
| 長宗我部盛親 | 175 |
| 谷忠澄 | 176 |
| 吉田孝頼／福留親政 | 177 |

### 一条家
| | |
|---|---|
| 一条兼定／安芸国虎 | 179 |

### 島津家
| | |
|---|---|
| 島津義久 | 181 |
| 島津義弘 | 182 |
| 島津歳久 | 183 |
| 島津家久 | 184 |
| 島津豊久／種子島時堯 | 185 |

### 大友家
| | |
|---|---|
| 大友宗麟 | 189 |
| 立花道雪 | 190 |
| 立花宗茂 | 191 |

### 龍造寺家
| | |
|---|---|
| 龍造寺隆信 | 193 |
| 鍋島直茂 | 194 |

## 第3章 その他の群雄

| | |
|---|---|
| 蠣崎家／安東家／南部家／津軽家 | 196 |
| 斯波家／大崎家／相馬家／蘆名家 | 197 |
| 宇都宮家／里見家／足利家／上杉家 | 198 |
| 神保家／畠山家／村上家／姉小路家 | 199 |
| 北畠家／京極家／六角家／波多野家 | 200 |
| 赤松家／浦上家／山名家／一色家 | 201 |
| 河野家／西園寺家／秋月家／有馬家 | 202 |
| 相良家／阿蘇家／肝付家／伊東家 | 203 |

| | |
|---|---|
| さくいん (50音順) | 206 |

### ■コラム
| | |
|---|---|
| 茶道具について | 30 |
| 朝廷について | 52 |
| 関ヶ原の戦いについて | 66 |
| 戦国の姫について | 90 |
| 大坂の陣について | 114 |
| 外交について | 132 |
| 忍者について | 156 |
| 宗教について | 170 |
| 戦の武器について | 186 |
| 戦国のくらしについて | 204 |

## 武将ページの見方

❶ 家紋…おもに使用した家紋
❷ 名前…姓名や通称
❸ 生没年…生まれた年〜死んだ年
❹ 戦闘…個人の強さや戦での統率力
　知力…政治や外交、策略などのうまさ
　家柄…家の社会的地位の高さ
　野心…支配欲や出世欲
❺ 出身地…生まれた地域
❻ 解説…武将の行いや一生
❼ 武将トリビア…有名な逸話

# 歴史概要

## 戦国時代における群雄の興亡

戦国時代とはどのような時代だったのか？ 実力をもった群雄たちの戦いを中心に、戦国時代における勢力の移り変わりを見てみよう。

### 戦国時代の始まりと群雄の戦い

1467年に起こった「応仁の乱」の影響は全国に広がり、日本は戦乱の世となる。10年も続いた争いで室町幕府は影響力を失い、代わりに各地を治めていた守護大名や「下克上」を起こして成り上がった国人（その国の住人）などの実力者が、独立した支配者となる。彼らのような群雄たちは「戦国大名」と呼ばれた。

戦国大名たちは領土を拡げるために他国を攻め、各地で激しい戦いが発生した。そうしたなかで甲斐国（山梨県）の武田家、越後国（新潟県）の上杉家、関東の北条家、東海の今川家など、強い者だけが勝ち残っていった。

本州における群雄の戦い

- 1567年 稲葉山城の戦い ○織田信長 vs 斎藤龍興×
- 1577年 手取川の戦い ○上杉謙信 vs 織田信長×
- 1561年 第四次川中島の戦い △武田信玄 vs 上杉謙信△
- 1570年 姉川の戦い ○織田信長・徳川家康 vs 浅井長政・朝倉義景×
- 1546年 河越城の戦い ○北条氏康 vs 上杉憲政×
- 1575年 長篠の戦い ○織田信長・徳川家康 vs 武田勝頼×
- 1570年 金ケ崎の戦い △織田信長 vs 朝倉義景△
- 1573年 足利義昭挙兵 ○織田信長 vs 足利義昭×
- 1569年 三増峠の戦い ○北条氏康 vs 武田信玄×
- 1572年 三方ヶ原の戦い ○武田信玄 vs 徳川家康×
- 1560年 桶狭間の戦い ○織田信長 vs 今川義元×

## 織田信長の登場と勢力の拡大

　1534年、尾張国（愛知県）で新たな群雄が誕生した。彼の名は織田信長。少年時代は奇抜な行いが多く「うつけ」と呼ばれたが、織田家を継ぐと敵対勢力をねじ伏せて尾張国を統一する。そして東海の大勢力・今川義元の侵攻軍を桶狭間の戦いで破り、義元を討つ。

　「海道一の弓取り」といわれた義元を倒して全国にその名を知らしめた信長は、今川家から独立した徳川家康と同盟を結ぶ。そして美濃国を攻め取り、本拠地を移した。このころから信長は「武をもって天下を制する」という意味の「天下布武」という印を使い始めており、天下統一の意志をはっきりさせている。

　その後、信長は足利義昭を庇護して上洛を果たし、幕府の権力を利用して勢力を拡大した。だが、操り人形にされた義昭は信長と対立し、各地の大名に号令して信長包囲網を形成する。このとき、信長の妹の嫁ぎ先で盟友だった浅井長政も敵にまわり、織田家は滅亡の危機に陥るが、最大の強敵と思われた武田信玄が病死。軍勢を動かしやすくなった信長は、朝倉家や浅井家など敵対した大名を撃破して包囲網を打ち破った。包囲網の発案者であった義昭も京から追放され、200年以上続いた室町幕府はついに滅びた。

## 歴史概要　戦国時代における群雄の興亡

| 年代 | 出来事 |
|---|---|
| 1467年 | 応仁の乱が始まる |
| 1473年 | 応仁の乱の首謀者の細川勝元、山名宗全が死去 |
| 1474年 | 足利義政が足利義尚に将軍職を譲る |
| 1477年 | 応仁の乱が終結 |
| 1497年 | 毛利元就誕生 |
| 1521年 | 武田信玄誕生 |
| 1530年 | 上杉謙信誕生 |
| 1534年 | 織田信長誕生 |
| 1536年 | 花倉の乱 |
| 1537年 | 豊臣秀吉誕生 |
| 1539年 | 長宗我部元親誕生 |
| 1540年 | 毛利元就が安芸国に進軍 |
| 1542年 | 徳川家康誕生 |
| 1543年 | 鉄砲が伝来 |
| 1545年 | 北条氏康が関東の支配を確立 |
| 1546年 | 河越城の戦い（河越夜戦） |
| 1548年 | 徳川家康が今川義元の人質となる |
| 1549年 | 織田信長と斎藤道三の娘の濃姫が婚姻関係を結び同盟締結 |
| 1550年 | 砥石城の戦い |
| 1551年 | 織田信長が織田家の家督を継ぐ |
| 1553年 | 武田信玄が信濃を平定 |
| 1554年 | 第一次川中島の戦い |
| 1554年 | 武田信玄、北条氏康、今川義元が三国同盟締結 |
| 1554年 | 豊臣秀吉が織田信長に仕える |
| 1555年 | 第二次川中島の戦い |
| 1555年 | 厳島の戦い |
| 1556年 | 長良川の戦い |
| 1556年 | 織田信長が弟の信行を討ち、織田家のお家騒動が決着 |
| 1557年 | 第三次川中島の戦い |
| 1560年 | 桶狭間の戦い |
| 1560年 | 長浜の戦い |
| 1560年 | 徳川家康が三河国で独立 |
| 1561年 | 森辺の戦い |
| 1561年 | 第四次川中島の戦い |
| 1562年 | 織田信長と徳川家康が清洲同盟締結 |
| 1564年 | 第五次川中島の戦い |
| 1565年 | 永禄の変 |
| 1566年 | 豊臣秀吉が墨俣に築城 |

## 歴史概要 — 戦国時代における群雄の興亡

### 織田信長の急死と後継者争い

急激に勢力を拡大した信長は、それまでの価値観に配慮することなく、自分のやり方で物事を進めた。こうした信長のやり方には反発する者が多く、配下武将から謀反する者も出た。最終的には、これが信長の命取りとなる。

1582年、京の本能寺に滞在していた織田信長は、明智光秀の謀反により自害。天下統一を目前にして世を去った。しかし、信長を討った光秀も羽柴秀吉（のちの豊臣秀吉）に倒され、秀吉が信長の後継者候補の一番手となる。以前は秀吉より地位が高かった柴田勝家はこれに反発し、賤ヶ岳の戦いで秀吉に決戦を挑むが敗北。最大のライバルを打倒した秀吉は、織田家の地盤をそのまま手に入れた。

### 四国、九州そして東北での戦い

織田信長がおもに近畿地方で戦っていたとき、四国や九州、東北でも激しい戦いが続いていた。

四国では土佐国（高知県）の長宗我部元親が、四国の名門・一条家を破って勢力を拡大。織田信長と同盟を結び、四国を統一した。

九州では豊後国（大分県）の大友家の勢力が強かったが、大友家に従属していた肥前国（佐賀県）の龍造寺家が急成長。薩摩国（鹿児島県）の島津家と三つ巴の争いとなり、島津家が勝者となる。

東北での戦いが活発化するのは四国や九州より少し遅く、伊達政宗の登場を待つことになる。18歳で家督を継いだ政宗は積極的な領土拡大を行い、宿敵・蘆名家を攻め滅ぼして東北の覇者となった。

#### 四国における群雄の戦い

- 1582年 中富川の戦い
  ○長宗我部元親 vs 十河存保×
- 1569年 安芸城の戦い
  ○長宗我部元親 vs 安芸国虎×
- 1575年 四万十川の戦い
  ○長宗我部元親 vs 一条兼定×

#### 九州における群雄の戦い

- 1570年 今山の戦い
  ○龍造寺隆信 vs 大友宗麟×
- 1584年 沖田畷の戦い
  ○島津家久 vs 龍造寺隆信×
- 1572年 木崎原の戦い
  ○島津義弘 vs 伊東義祐×
- 1578年 耳川の戦い
  ○島津義久 vs 大友宗麟×

## 豊臣秀吉による天下統一

　柴田勝家を倒した秀吉の次なる強敵となったのは、徳川家康だった。家康は信長の次男・信雄と手を結んで秀吉と激突し、戦いでは優勢となる。しかし、信雄が秀吉と和睦したため争う理由がなくなり、秀吉の配下についた。

　秀吉はその後、四国と九州へと侵攻する。四国は長宗我部家、九州は島津家が支配していたが、秀吉の大軍に圧倒され、降伏した。

　残る関東と東北を制するため、秀吉は小田原征伐を開始。東北の大名には使者を送って臣従を呼びかけた。東北の大名はこれに応じて小田原に駆けつけ、最後まで渋っていた伊達政宗も臣従。小田原城に籠城していた北条家も降伏して、ついに天下が統一された。

東北における群雄の戦い

1589年 摺上原の戦い
○伊達政宗 vs 蘆名義広×

1585年 人取橋の戦い
△伊達政宗 vs 佐竹義重▲

## 歴史概要

### 戦国時代における群雄の興亡

| 年代 | 出来事 |
|---|---|
| 1566年 | 月山富田城の戦い |
| 1567年 | 伊達政宗誕生 |
|  | 稲葉山城の戦い |
|  | 織田信長が本拠地を尾張国から美濃国に移転し、名を岐阜と改める |
| 1568年 | 織田信長が足利義昭を庇護して上洛 |
|  | 足利義昭が征夷大将軍に任命される |
| 1569年 | 三増峠の戦い |
|  | 安芸城の戦い |
| 1570年 | 布部山の戦い |
|  | 第一次信長包囲網形成 |
|  | 金ヶ崎の戦い |
|  | 今山の戦い |
|  | 姉川の戦い |
|  | 石山合戦が始まる |
| 1571年 | 毛利元就死去 |
|  | 織田信長が比叡山延暦寺を焼き討ち |
| 1572年 | 木崎原の戦い |
|  | 三方ヶ原の戦い |
| 1573年 | 一乗谷の戦い |
|  | 小谷城の戦い |
|  | 武田信玄が上洛中に病死 |
| 1574年 | 織田信長が長島一向一揆を鎮圧 |
| 1575年 | 長篠の戦い |
|  | 四万十川の戦い |
|  | 織田信長が越前一向一揆を鎮圧 |
| 1576年 | 織田信長が安土城の築城を開始 |
|  | 第一次木津川口の戦い |
| 1577年 | 信貴山城の戦い |
|  | 手取川の戦い |
| 1578年 | 上月城の戦い |
|  | 上杉謙信病死 |
|  | 耳川の戦い |
|  | 第二次木津川口の戦い |
| 1580年 | 石山合戦が集結 |
| 1582年 | 備中高松城の戦い |
|  | 田野の戦い |
|  | 本能寺の変 |
|  | 山崎の戦い |
|  | 神流川の戦い |
|  | 清洲会議 |
|  | 中富川の戦い |

## 関ヶ原の戦いと戦国時代の終わり

### 歴史概要

秀吉の死後、家康は決まりを破って他の大名と姻戚関係を結び、影響力を強めていった。こうした行動を豊臣家に対する反逆ととった石田三成は、家康打倒の兵をあげる。しかし、秀吉に仕えていた武将たちの多くは三成と対立しており、家康の味方についた。

三成は西軍、家康は東軍を率いて関ヶ原の戦いで決戦に挑んだ。開戦直前の兵数では西軍が有利だったが、東軍の内応工作によって西軍から寝返る武将が出て、戦力は逆転。突然の裏切りに西軍は大混乱になり、東軍の勝利となった。この戦いで敵対勢力を一掃した家康は征夷大将軍になり、江戸で幕府を開いて日本の頂点に立つ。そして、大坂の陣で豊臣家を滅ぼし、江戸幕府のもとに天下を統一した。

### 戦国時代における群雄の興亡

| 年代 | 出来事 |
|---|---|
| | 天正壬生の乱 |
| 1583年 | 賤ヶ岳の戦い |
| | 北ノ庄城の戦い |
| | 豊臣秀吉が大坂城の築城を開始 |
| 1584年 | 沖田畷の戦い |
| | 小牧の戦い |
| | 長久手の戦い |
| | 引田の戦い |
| 1585年 | 豊臣秀吉が関白に就任 |
| | 豊臣秀吉が四国を制圧 |
| | 第一次上田合戦 |
| | 末森城の戦い |
| | 富山の役 |
| | 人取橋の戦い |
| 1586年 | 徳川家康が豊臣秀吉に臣従 |
| | 豊臣秀吉が太政大臣に就任 |
| | 戸次川の戦い |
| 1587年 | 豊臣秀吉が九州を制圧 |
| | 豊臣秀吉がキリシタン追放令を出す |
| 1588年 | 豊臣秀吉が刀狩り令を出す |
| 1589年 | 摺上原の戦い |
| 1590年 | 伊達政宗が豊臣秀吉に臣従 |
| | 小田原征伐 |
| | 豊臣秀吉が天下統一 |
| 1591年 | 文禄の役 |
| | 豊臣秀吉が太閤に就任 |
| 1597年 | 慶長の役 |
| 1598年 | 醍醐の花見が開催 |
| | 豊臣秀吉死去 |
| 1599年 | 長宗我部元親死去 |
| 1600年 | 伏見城の戦い |
| | 岐阜城の戦い |
| | 第二次上田合戦 |
| | 大津城の戦い |
| | 石垣原の戦い |
| | 杭瀬川の戦い |
| | 長谷堂城の戦い |
| | 関ヶ原の戦い |
| 1603年 | 徳川家康が征夷大将軍に就任 |
| | 徳川家康が江戸幕府を開く |
| 1614年 | 大坂冬の陣 |
| 1615年 | 大坂夏の陣 |

### 天下を平定した3人の英雄たち

織田信長  
豊臣秀吉  
徳川家康

信長が作った地盤を秀吉が引き継ぎ、天下を統一。死後に再び乱れた天下を家康がまとめて太平の世を築いた。

## 第1章

# 天下三傑

織田信長、豊臣秀吉、徳川家康。
乱世の中心を駆け抜け、戦国を終わりに導いた
3人の英雄と配下たちを紹介する。

# 織田家

**尾張国の小豪族から天下へ飛翔**

## 織田家の勢力図

織田信長の父・信秀は清洲織田家に仕える三家老のひとりだったが、経済力を背景に主家以上の力をつけ、信秀の後継者となった信長の代に尾張国を統一した。その後、信長は今川義元の侵攻軍を桶狭間で破り、上洛を果たして広大な領土を獲得していく。しかし、本能寺の変で急死し、織田家の実権は豊臣秀吉に掌握された。

1555年ごろの織田家勢力

1581年ごろの織田家勢力

## 織田家が参加したおもな合戦

⚔ = 攻城戦　✕ = 野戦

**1560年　桶狭間の戦い**
織田軍 VS 今川軍

今川義元が約4万人といわれる大軍で尾張国へ侵攻。織田信長は2000人ほどの軍勢で、桶狭間で休憩中の今川軍本隊を強襲して、義元を討ち取った。

→ 今川義元討ち死に！

**1570年　姉川の戦い**
織田・徳川軍 VS 浅井・朝倉軍

両軍譲らない激戦が続いたが、徳川軍の榊原康政隊が浅井・朝倉連合軍の側面をつき、陣形を崩した。最初に朝倉軍が、続いて浅井軍が敗走して決着。

→ 榊原康政が大活躍！

**1575年　長篠の戦い**
織田・徳川軍 VS 武田軍

織田・徳川軍は馬防柵を設置して武田軍の突撃を防ぎ、柵の後ろから鉄砲隊で一方的に撃ちまくった。武田軍は多数の死傷者を出し、多くの重臣を失った。

→ 武田家の滅亡につながる大敗！

**【家紋：織田瓜】**
木瓜紋と呼ばれる種類の家紋で子孫繁栄という意味がある。織田家の紋は5枚の花弁が特徴。

# 天下統一の道しるべを作った大英雄
# 織田信長

おだ のぶなが　生没年 1534年～1582年

戦闘
知力
家柄
野心

出身地：尾張国（愛知県）

## 第1章 織田家

### 織田信長

## 戦乱の世を駆け抜けた破天荒な風雲児

　少年時代は「うつけ」と呼ばれたが、家督を継ぐと態度を改め、弟の信行を倒して家中を統一。それから間もなく侵攻してきた今川義元の大軍も、桶狭間の戦いで破る。この勝利で勢いに乗った信長は美濃国を攻め取り、足利義昭を征夷大将軍にすえて権力を利用しながら急速に領土拡大を進めていった。

　盟友・浅井長政の裏切りや荒木村重の反乱など敵対者も多かったが、信長は勝ち続けた。しかし1582年、明智光秀の突然の謀反によって、信長は本能寺で自刃。天下統一目前で、その道は断たれてしまったのである。

### 武将トリビア
**日本に伝来したばかりの新兵器**
**鉄砲を最大限に活用**

信長は鉄砲に早くから注目して、鉄砲の生産地を支配下に置いて大量生産させた。長篠の戦いでは集めた鉄砲で鉄砲隊を作って撃ちまくり、武田騎馬隊を撃破した。

Illustration: 藤川純一

# 柴田勝家

織田家に忠実に仕えた不器用な武人

しばた かついえ　生没年 1522年？〜1583年

第1章 織田家 柴田勝家

- 戦闘
- 知力
- 家柄
- 野心

出身地：尾張国（愛知県）

**瓶割り柴田、鬼柴田と呼ばれた織田家の武の要**

もともとは信長の弟・信行の重臣。信行が反乱を起こしたときには主君に従って信長と戦ったが、敗れたため降伏した。

以後は信長に忠実に仕え、織田家随一の猛将として活躍。その働きが認められ、1575年には越前国を任されて北陸方面司令官となる。勝家はここで上杉謙信の侵攻軍を防ぎ、謙信が病で倒れると逆襲。さらには加賀国の一向一揆を平定した。

しかし、本能寺の変で信長が死ぬと、仇討ちを果たして家中での立場が強くなった秀吉と対立。賤ヶ岳の戦いで秀吉との決戦に挑むが、敗れて自害した。

**武将トリビア**

**逃げ道を自分から断ち切って死にものぐるいで勝利をつかむ**

自分の城が囲まれたとき、勝家は兵士たちに水を飲ませると、水瓶を割って突撃の覚悟を決めさせ、敵軍を破った。以後、勝家は「瓶割り柴田」と呼ばれたという。

Illustration: 樋口一尉

### 織田家の二番家老を務めた知勇兼備の名将

# ✗ 丹羽長秀

にわ ながひで　　生没年　1535年～1585年

戦闘
知力
家柄
野心

出身地: 尾張国（愛知県）

## 第1章 織田家　丹羽長秀

信長が家督を継ぐ前から仕えており、親しい関係だった。武将として頭角を現すのは斎藤家との戦いのころから。1573年には若狭国を任され、織田家中で最初に一国の領主になった。

本能寺の変が起きたときには堺にいて、同行していた明智光秀の娘婿・津田信澄を討ち、光秀とハッキリ敵対した。しかし軍勢が少なかったため単独では動かず、秀吉と合流して光秀を討った。その後も清洲会議や賤ヶ岳の戦いなど、つねに秀吉の味方として天下取りに力を貸し、若狭国と越前国、加賀国を領土とする大大名となった。

**戦闘、交渉、内政、築城　なんでもござれの頼れる男**

### 武将トリビア　「鬼」と「米」ふたつの異名をもつ万能武将

長秀は戦場では勇敢に戦う猛将で、「鬼五郎左」と呼ばれた。また、どんな仕事も器用にこなすため、米のように欠かせない存在という「米五郎左」の異名もあった。

Illustration: 中山けーしょー

# 前田利家

加賀百万石の基礎を築いた秀吉の親友

まえだ としいえ　生没年 1539年〜1599年

- 戦闘
- 知力
- 家柄
- 野心

出身地：尾張国（愛知県）

14歳から信長に仕え、武勇を認められて信長の親衛隊である赤母衣衆に抜擢される。一時期家中でトラブルを起こして織田家を離れたこともあったが、復帰してからは有力武将として活躍。北陸方面司令官となった柴田勝家とともに、上杉家や加賀の一向一揆勢力と戦った。

豊臣秀吉とは若いころから仲がよく、信長の死後に勝家と秀吉が対立すると板挟みになる。その結果、賤ヶ岳の戦いではいったん勝家についたが、秀吉とは戦わずに退却した。以後は秀吉の配下として、そして友人として頼りにされる存在となった。

「槍の又左」の異名をとる天下無双の槍さばき

### 武将トリビア
**若者時代の失敗がその後の成長につながった**

若いころは短気だった利家は、あるとき信長の親族と争って斬り殺し、織田家を出奔した。のちに許されたが、貧しい浪人時代の経験で無駄づかいしなくなったという。

第1章 織田家　前田利家

Illustration: 虹之彩乃

## 戦国最大の大事件を起こした張本人

# 明智光秀

| あけち みつひで | 生没年 | 1528年？〜1582年 |

出身地: 美濃国（岐阜県）

第1章

織田家

明智光秀

**天下を揺るがした謀反人 敵は本能寺にあり！**

信長に仕える前は朝倉家に仕えており、朝倉家に身を寄せていた足利義昭と信長をつなぐパイプ役を務めた。これが縁となり、信長に仕えるようになる。鉄砲の名手で学問に通じ、和歌や茶の湯もたしなむ文化人でもあった光秀は、信長に重用されてどんどん出世していった。

このように光秀と信長は理想的な関係にあったが、1582年に中国攻めを命じられた光秀は、突然謀反して信長を自害させてしまう。しかし、光秀に味方するものは現れず、豊臣秀吉と山崎の戦いで激突。敗走中に落ち武者狩りにあい、自害した。

### 武将トリビア
**光秀が謀反した本当の理由とは？**

信長に重用されていた光秀は、なぜ反逆したのか？　信長との対立、天下取りの野望、第三者の陰謀などの理由が考えられるが、決定的な証拠がなく真相は今も謎だ。

Illustration: 七片藍

## 織田家の没落で運命が狂った武将
# 滝川一益

たきがわ かずます　　生没年 1525年～1586年

- 戦闘：★★★★☆
- 知力：★★★★☆
- 家柄：★★☆☆☆
- 野心：★★★☆☆

**出身地**：近江国（滋賀県）

**第1章　織田家　滝川一益**

> 退くも滝川、進むも滝川
> 多くの戦場を駆けた
> 歴戦の将

「退くも滝川、進むも滝川」と呼ばれた、織田家中有数の戦上手。北伊勢攻略戦では主力として活躍し、北伊勢に領地を与えられる。その後も遊撃隊のように各地の戦場を転戦し、武田家との戦いでは織田信忠の副将に任命された。そして武田家を滅ぼすと、最前線である上野国と信濃国の一部を任された。

ところが本能寺の変で信長が倒れると、一益は北条家に敗北して伊勢国へ撤退。豊臣秀吉と柴田勝家が対立すると勝家につくが、ここでも勝利者になれず降伏した。その後も戦では活躍できず、出家してしまった。

### 武将トリビア
**じつは忍者だった？
経歴不明の謎多き名将**

一益は自分の代から織田家に仕えるようになった外様だが、若いころの経歴は謎が多い。忍者の里である甲賀の出身なので、忍者の頭目だったという怪しげな説もある。

Illustration：樋口一尉

## 「かぶき者」の生き方を貫き通した自由人

# 前田慶次

まえだ けいじ　　生没年：生年不詳～没年不詳

戦闘：★★★★☆
知力：★★☆☆☆
家柄：★★★☆☆
野心：★☆☆☆☆

出身地：尾張国（愛知県）

**第1章 織田家　前田慶次**

戦国時代には、派手な服装や奇抜な振る舞いを好む『かぶき者』と呼ばれる人々がいた。慶次もそうしたかぶき者で、戦いとなれば命を惜しまない荒武者だったが、連歌や茶の湯なども好む風流人の一面もあった。

慶次は滝川一益の一族で、母親が前田利久に嫁いだため前田家の養子になったが、利久が死ぬと前田家を出奔。京で直江兼続と知り合い、その縁で上杉景勝に仕えた。そして、慶長出羽合戦では敗色濃厚な上杉軍の殿を担当し、鬼神のような戦いぶりで味方を無事に撤退させるという大活躍をした。

### 一流の武人と文化人の側面をもつ戦国きっての風流人

**武将トリビア：誰にも遠慮することなく気ままに生きた人生**

自由奔放な慶次は、前田家当主である利家にとって頭の痛い存在だった。慶次も利家に反発していたのか、利家を騙して水風呂に入れ、出奔したという逸話がある。

Illustration: 虹之彩乃

## 信長を怒らせてしまった重臣

# 佐久間信盛

さくま のぶもり　　生没年 1527年～1581年

第1章　織田家　佐久間信盛

戦闘 ★★★★☆
知力 ★★★★☆
家柄 ★★★★★
野心 ★★☆☆☆

出身地：尾張国（愛知県）

「退き佐久間」の異名をもつ堅実・慎重な用兵家

信長の父の信秀の代から織田家に仕えており、家臣団では筆頭格の扱いを受けていた。戦上手で退却戦が得意だったため、「退き佐久間」と呼ばれた。

六角家や浅井家、朝倉家との戦いで活躍した信盛は、やがて石山本願寺攻めの総大将という大役を任される。しかし、本願寺の頑強な抵抗の前に信盛は成果をあげることができず、結局織田家は朝廷の仲介で本願寺と和睦する。その後、信盛は信長から「十九か条の折檻状」を送られ、過去のミスも含めたさまざまな責任を問われて織田家を追放されてしまった。

**武将トリビア**
仲間をかばった発言が将来の命取りとなった

朝倉家との戦いの最中に、信長が家臣の戦いぶりを叱ったことがあった、このとき信盛は信長を諫めたが、これが信長の反感を買って追放の原因のひとつになった。

Illustration: 佐藤仁彦

# 織田家の行政を担当した反逆の宿老

## 林秀貞

はやし ひでさだ　　生没年　生年不詳～1580年

- 戦闘
- 知力
- 家柄
- 野心

出身地：尾張国（愛知県）

第1章　織田家　林秀貞

リストラされてしまった悲劇の筆頭家老

織田信秀に仕え、のちに織田信長の筆頭家老になった。しかし、若いころ「うつけ」と呼ばれた信長の資質に疑問をもち、信長が家督を継ぐと、柴田勝家とともに信長の弟・信行を擁立して謀反を起こした。

両軍の戦力は信行側が有利だったが、戦いは信長が勝利。敗れた秀貞は信長に謝罪し、改めて信長の家臣となる。そして勢力を拡大していく織田家の宿老として働いたが、1580年にいきなり過去の謀反の罪を問われて織田家から追放された。このショックからか、秀貞は追放から2か月後に死去している。

### 武将トリビア

**働きぶりが悪く人員整理の対象にされた？**

林秀貞は20年以上も前の謀反の罪で追放された。しかし、本当のところは秀貞が家老にふさわしい働きをしなかったため、リストラされてしまったのだという。

Illustration: 鯵屋槌志

# 蒲生氏郷

信長も認めた才能あふれる若武者

がもう うじさと　生没年 1556年～1595年

- 戦闘
- 知力
- 家柄
- 野心

出身地：近江国（滋賀県）

第1章　織田家　蒲生氏郷

家臣に手本を示し
大切にした勇将

　蒲生家が織田家に臣従したときに人質となった氏郷は、信長に才能を見込まれ、信長の娘と結婚して織田一門になる。信長の眼力は確かで、氏郷は戦場では勇猛な武将として活躍し、領地経営でも優れた手腕を発揮した。また、千利休の優れた弟子である「利休七哲」のひとりに数えられるほど、茶の湯にも理解のある教養人でもあった。
　信長の死後は豊臣秀吉に仕えて重用され、秀吉の天下統一後は東北地方の抑えを任された。そして会津で九十二万石の大大名となり、活躍が期待されたが若くして病死してしまった。

### 武将トリビア
**鉄砲にもひるまない勇猛果敢な猛将**

　氏郷は指揮官は先頭に立ってこそ家臣がついてくる、という考え方だった。このため、ある戦いでは兜に3発も銃弾を受けたが、考えを変えることはなかったという。

Illustration：鯵屋槌志

## 後継者としての実力十分な二代目
# 織田信忠

おだ のぶただ　　生没年　1557年～1582年

戦闘　★★★★☆
知力　★★★☆☆
家柄　★★★★☆
野心　★★★☆☆

出身地：尾張国（愛知県）

**第1章　織田家　織田信忠**

信長の長男として生まれた信忠は、後継者にふさわしい実績と経験を積むために、若いころから各地を転戦。雑賀衆との戦いでは雑賀孫市を、信貴山城攻めでは松永久秀を破り、1582年には武田攻めの総大将となって長年の宿敵であった武田家を攻め滅ぼした。この時点で織田家に対抗できる勢力はすでにどこにもなく、織田家が天下を統一するのは確実と思われた。

しかし、父・信長とともに京に宿泊していたとき、明智光秀の謀反が発生。信忠は二条城で明智軍を迎え撃ち奮戦したが、力が及ばず自害した。

### 偉大な父とともに京の都に死す

**武将トリビア**
**若武者らしい潔さが織田政権の寿命を縮めた**

本能寺の変が起きたとき、信忠は脱出できる可能性もあったが、潔く戦うことを選んだ。もし信忠が脱出できていたら、秀吉や家康が天下を取ることはなかったかもしれない。

Illustration:TOHRU

# 信長の信頼厚い乳兄弟

# 池田恒興

いけだ つねおき　　生没年 1536年～1584年

戦闘
知力
家柄
野心

出身地：尾張国（愛知県）

第1章　織田家　池田恒興

恒興の母は信長の乳母で、幼いときから小姓として信長に仕えた。武勇に優れた恒興はやがて馬廻衆を務めるようになり、桶狭間の戦いや美濃攻略戦、姉川の戦いなど織田家の主要な戦いのほとんどに参戦。のちに後継者の信忠の補佐を任されていることからも、信長からの信頼は格別に厚かったようだ。

本能寺の変が起きると恒興は豊臣秀吉に味方して、山崎の戦いで明智光秀を破って仇討ちを果たす。その後、小牧・長久手の戦いでも秀吉側につくが、徳川家康に軍勢の動きを読まれて戦死してしまった。

信長に忠実に仕えた武勇に優れた義弟

**武将トリビア**
天下分け目の戦いを勝利に導いた決断

信長を倒した明智光秀に秀吉が挑んだ山崎の戦いでは、両軍が川を挟んでにらみ合った。このとき恒興は密かに川を渡って敵の横を突き、明智軍を大混乱に陥れた。

Illustration:TOHRU

# 伝説の山越えを果たした北陸の猛将
# 佐々成政

さっさ なりまさ　|　生没年　1536年〜1588年

- 戦闘：★★★★☆
- 知力：★★★☆☆
- 家柄：★★☆☆☆
- 野心：★★★☆☆

出身地：尾張国（愛知県）

信長の馬廻衆から、側近である黒母衣衆に選ばれた猛将。柴田勝家が北陸方面司令官となると、ともに北陸に向かい、上杉家や一向一揆勢と戦った。そして越中国を平定すると、元の国主であった神保長住に代わって国主を務めるようになる。

成政は成り上がり者の秀吉を嫌っており、信長の死後は柴田勝家や徳川家康に味方して秀吉に敵対した。しかし、勝家は秀吉に破れ、家康も秀吉と和解してしまったため、成政も秀吉に降伏する。その後は肥後国の領主になるが、ささいな失敗をとがめられて自刃してしまった。

## 生涯をかけて秀吉に抵抗した織田家のエリート武将

### 武将トリビア
**冬の雪山を乗り越えたすさまじい秀吉への対抗心**

小牧・長久手の戦いで家康と秀吉が和解したとき、成政は秀吉と戦い続けるため、真冬の北アルプスを越えるという危険を冒してまで、家康の説得に向かったという。

第1章　織田家　佐々成政

Illustration：藤川純一

# 佐久間盛政

敵味方から称賛され恐れられた剛勇の士

さくま もりまさ　生没年 1554年〜1583年

- 戦闘
- 知力
- 家柄
- 野心

出身地：尾張国（愛知県）

第1章　織田家　佐久間盛政

北陸の一向一揆勢を叩き潰した「鬼玄蕃」

佐久間信盛の親族で、父とともに信長に仕えた武将。母が柴田勝家の妹で、その縁で勝家の部下として活躍。勝家が北陸方面司令官となったときにも付き従い、上杉家や一向一揆勢力を相手に奮戦した。

信長の死後も勝家に従い、賤ヶ岳の戦いでは秀吉軍の中川清秀を討ち取る手柄を立てた。しかし、勝家の制止を聞かずに深入りしてしまい、秀吉の反撃を受けて部隊は壊滅。山中に隠れていたところを捕らえられてしまう。秀吉は盛政の武勇を惜しんで配下に勧誘したが、盛政はこれを断り処刑された。

### 武将トリビア
**鬼と恐れられた勇猛さが仇となった最後**

盛政は身長六尺（約182cm）の巨漢で、鬼神のような戦いぶりから「鬼玄蕃」と恐れられた。しかし、この勇猛さが賤ヶ岳の戦いで命令無視につながり、身を滅ぼす。

Illustration: 伊吹アスカ

## 鋼の艦隊を率いた海賊大名
# 九鬼嘉隆

くき よしたか　　生没年　1542年〜1600年

戦闘　★★★★★
知力　★★★★☆
家柄　★★☆☆☆
野心　★★★★☆

出身地：志摩国（三重県）

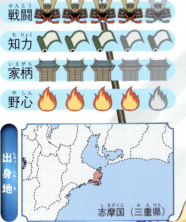

第1章　織田家　九鬼嘉隆

**海上での戦いでは敵う者なし！**

　九鬼一族は国内の勢力争いに敗れて国を追われ、信長に仕えた。嘉隆は織田軍の水軍統領となり、北畠家や一向一揆との戦いで活躍。当時最強と呼ばれた毛利水軍とも死闘を繰り広げ、ついに打ち破る。こうして最強水軍の名を勝ち取った嘉隆は、信長の死後も豊臣秀吉に重用され、水軍の主力となった。

　その後、秀吉が死んで関ヶ原の戦いが始まると、九鬼家では嘉隆が西軍に、息子の守隆が東軍につく。これはどちらが勝っても九鬼家を残すための策だといわれており、東軍が勝利して間もなく嘉隆は潔く自害した。

**武将トリビア**
弓矢も火薬玉も通じない
無敵の鉄甲船の誕生

毛利水軍との初対決で敗北した嘉隆は知恵を絞り、鉄の装甲をもつ船・鉄甲船を作り出した。この新兵器を使って、嘉隆は毛利水軍との再戦で圧勝したのである。

Illustration: 中山けーしょー

# 信長に忠実で重用された森一族の長

# 森可成

もり よしなり

生没年 1523年～1570年

戦闘
知力
家柄
野心

出身地：美濃国（岐阜県）

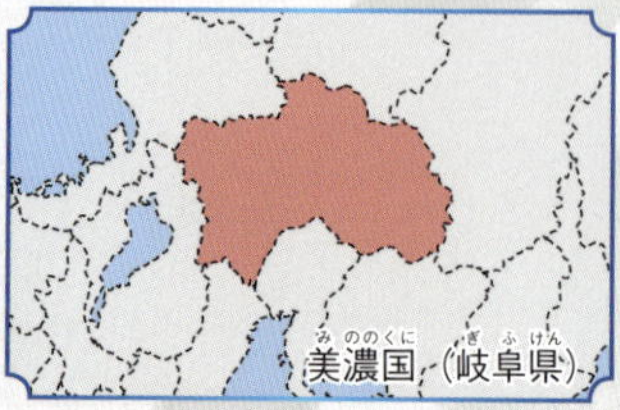

**うなりを上げる豪槍が主君の敵を貫く！**

森一族は美濃国の住人だが、斎藤道三が国を奪ったときに尾張国に移った。可成は信長が弟の信行と家督争いをしていたころからの忠実な部下だった。信長からの信頼は厚く、信長の上洛後には重要拠点である近江国の宇佐山城を任せられている。

のちに信長の盟友・浅井長政が裏切ると、宇佐山城は浅井・朝倉連合軍の猛攻を受ける。宇佐山城の兵力は少なく、可成は奮戦するが討ち死にしてしまった。しかし、可成が時間を稼いだおかげで織田家は戦力を整えることができ、その後の反撃と織田家の勝利に繋がった。

## 武将トリビア
### 信長の危機を何度も救った忠義の士

可成は槍の名手で、信長の尾張国統一の戦いでは敵将を討ち取り、姉川の戦いでは本陣に迫る敵を食い止めた。可成の武勇があってこそ、信長は安心して戦えたのだ。

Illustration: 誉

# 信長に最も愛された俊才
# 森蘭丸

もり らんまる　　生没年　1565年～1582年

戦闘
知力
家柄
野心

出身地：美濃国（岐阜県）

第1章　織田家　森蘭丸

## 絶世の美少年にして有能なる若き事務官

森可成の三男で、信長の小姓として仕えた。父の可成は浅井・朝倉家との戦いですでに戦死しており、蘭丸が小姓に取り立てられた理由には信長の温情があったともいわれる。しかし、蘭丸は頭の回転が早いうえによく気が利く少年で、諸事奉行や使者などさまざまな仕事をそつなくこなし、信長にとって欠かせない大事な側近となった。

蘭丸はつねに信長のそばに控え、主君の意志を汲み取って忠実に仕えた。本能寺の変が起きたときも信長に同行しており、信長が自害する時間を稼ぐため奮戦し、討ち取られたという。

### 武将トリビア
**主君に恥をかかさない部下としての完璧な務めぶり**

あるとき信長に障子を閉めてくるよう命じられた蘭丸は、閉まっていた障子を開けて音を立てて閉め直した。信長が勘違いで恥をかかないよう、気をつかったのだ。

Illustration: 哉斗涼

# 第1章 織田家

## 信長に反逆した近畿の実力者

### 荒木村重（あらき むらしげ）

| 生没年 | 1535年～1586年 | 出身地 | 摂津国（大阪府） |

池田勝正に仕えていたが、三好家と結んで勝正を追放した。織田家の勢力が畿内に迫ると、信長に臣従する。しかし、1578年に突然反逆して有岡城に籠城。1年も戦ったが最後はひとり で逃げ、残された一族は全員惨殺された。

- 戦闘: ★★★★☆
- 知力: ★★★★☆
- 家柄: ★★★★☆
- 野心: 🔥🔥🔥🔥⚪

Illustration: TOHRU

## 民衆に愛された内政名人

### 堀秀政（ほり ひでまさ）

| 生没年 | 1553年～1590年 | 出身地 | 美濃国（岐阜県） |

織田信長の小姓に取り立てられ、16歳で足利義昭の住居の普請奉行を任されるなど、早くから才能を発揮した英才。本能寺の変後は豊臣秀吉に従い、有力武将として活躍した。政務の能力も高く民衆から好かれたが、38歳で病死した。

- 戦闘: ★★★☆☆
- 知力: ★★★★☆
- 家柄: ★★☆☆☆
- 野心: 🔥🔥🔥⚪⚪

Illustration: 伊吹アスカ

荒木村重／堀秀政

## 戦国を戦い抜いた歴戦の将

# 金森長近
かなもり ながちか

| 生没年 | 1524年～1608年 | 出身地 | 美濃国（岐阜県） |

最初の名前は可近だったが、織田信長に気に入られて「長」の字を与えられ、長近と名乗った。信長の死後は柴田勝家の味方につくが、賤ヶ岳の戦いで敗れると豊臣秀吉に降伏。その後の戦いでの活躍が認められ、飛騨国の領主となった。

Illustration: 伊吹アスカ

## 第1章 織田家

金森長近／山内一豊

## 妻と二人三脚で歩んだ愛妻家

# 山内一豊
やまうち かずとよ

| 生没年 | 1546年～1605年 | 出身地 | 尾張国（愛知県） |

若いころに一族が離散したが、苦労の末に織田家に仕える。妻の千代のすすめで嫁入りの持参金で名馬を買って馬揃えに参加し、信長の目に留まったことが出世につながったという。関ヶ原の戦いでは徳川家康につき、土佐国を与えられた。

Illustration: 海老原英明

# 戦国コラム 1

## 茶道具について
### 武将たちを虜にした魅惑の名品

**第1章 戦国コラム ① 茶道具について**

### 🌀 茶道ブームのしかけ人たち

戦国時代、武将たちのあいだで大流行したのが「茶道」や「茶の湯」である。日本で茶を飲む習慣が始まったのは平安時代のころ。室町時代には茶の銘柄を当てる「闘茶」が流行したが、しだいに道具の価値が高くなり、茶は贅沢な楽しみとなった。

これに対し、戦国時代の茶人・千利休は質素に茶を楽しむ「わび茶」と呼ばれる方式を提案し、多くの人々に人気となった。織田信長はこれに目をつけ、利休を茶の指導者である「茶頭」に抜擢。信長の死後は豊臣秀吉もこれに習って利休を重用し、配下の武将を中心に茶道を奨励した。のちに利休は秀吉と対立して切腹したが茶の湯の精神は残り、現代にも受け継がれている。

**織田信長**
千利休の後ろ盾となった織田信長。荒くれ者ばかりの戦国武将たちに、茶の湯を奨励して大ブームにした立役者だ。

### 一国よりも価値がある

室町時代には本場中国産の「唐物」の茶道具がもてはやされ、大金で取引された。戦国時代でもこの価値観は続く。信長の配下・滝川一益は武田家を滅ぼした褒美に茶道具を期待していたが領地をもらってがっかりした、といった逸話も残っており、名のある茶道具は一国よりも価値があったようだ。

**滝川一益**

## 戦国の名品と所有者

### 持ち主と運命をともにした茶釜
#### 古天明平蜘蛛

松永久秀が愛用した茶釜で、蜘蛛が這うような形から「平蜘蛛」と呼ばれた。織田信長はこの茶釜を欲しがったが、久秀はほかのものを渡しても平蜘蛛だけは断った。のちに久秀が謀反を起こしたときには平蜘蛛に火薬を詰め、爆死したといわれる。

松永久秀

### 足利義満も所有した大名物
#### 九十九髪茄子

室町幕府の3代将軍・足利義満が所有した茶入で、松永久秀が持っていたが、織田信長に臣従したときに献上された。以後、九十九髪茄子は信長のお気に入りとなった。現存しているが、信長所有の品は本能寺の変で焼失したという説もある。

織田信長

### 武将たちに人気だった国産茶碗
#### 赤楽早船

戦国時代の陶芸家・長次郎作の茶碗。利休が早船を出して運ばせたことが名前の由来。細川藤孝や古田織部など茶の湯の名人として知られる武将たちに大人気だったが、利休の死後は蒲生氏郷のものになった。破損したが、現在は修復済み。

蒲生氏郷

### 世界に4つしか現存しない幻の茶碗
#### 曜変天目茶碗

天目釉といううわぐすりをかけて焼かれた天目茶碗と呼ばれる茶碗の一種。室町時代から最高峰の茶碗と評価されていたが、現存するのはわずか4つ。徳川家のほか、前田家や龍光院に伝わった。すべて国宝や重要文化財に指定されている。

徳川家康

### 名高い天下三肩衝のひとつ
#### 新田肩衝

鎌倉時代末期の武将・新田義貞が所有していたといわれる茶入で、天下三肩衝と呼ばれる名品。戦国時代には三好家が所有していたが、織田信長の手に渡った。本能寺の変後は大友宗麟が所有し、のちに豊臣秀吉から徳川家康へ所有者が移っている。

大友宗麟

### 天下人の依頼で作られた茶釜
#### 阿弥陀堂釜

豊臣秀吉に茶釜の製作を命じられた千利休が、戦国時代の陶芸家・天下一与次郎に依頼して作られた茶釜。イノシシの頭のような外見をしていることから、猪首釜とも呼ばれている。現在は神戸市の善福寺が所蔵。同じ形をした釜が複数ある。

豊臣秀吉

第1章 戦国コラム ① 茶道具について

## 足軽から天下人へと成り上がる

# 豊臣家

### 豊臣家の勢力図

足軽の家に生まれた藤吉郎（のちの豊臣秀吉）は織田信長に仕えて出世街道を歩み、長浜城主となる。本能寺の変で織田信長が殺害されると、秀吉は織田家の後継者争いを勝ち抜いて、旧織田領の地盤を受け継いだ。そして四国、九州を征服し、関東の北条家を倒して天下統一を成し遂げたが、秀吉の死後は徳川家に滅ぼされた。

1583年ごろの豊臣家勢力

1598年ごろの豊臣家勢力

**【家紋：太閤桐】**
豊臣の姓を名乗るようになったとき、朝廷から賜った。一部が異なるデザインも存在する。

### 豊臣家が参加したおもな合戦
🏯＝攻城戦　⚔＝野戦

**1582年　山崎の戦い**
豊臣軍 VS 明智軍

中国地方で毛利家と交戦中だった秀吉は、本能寺の変を知るとすぐに京へ戻って明智光秀と交戦。池田恒興隊の渡河で突破口を作り、豊臣軍が圧勝した。

➡ **秀吉が信長の仇討ちに成功！**

**1583年　賤ヶ岳の戦い**
豊臣軍 VS 柴田軍

開戦直後は佐久間盛政の活躍で柴田軍が押していたが、遅れて戦場に到着した秀吉が逆襲。柴田軍の前田利家も戦わずに退却し、豊臣軍が逆転勝ちした。

➡ **秀吉が駆けつけ大逆転！**

**1590年　小田原征伐**
豊臣軍 VS 北条軍

日本全国から集まった総勢20万人を超える豊臣家の大軍が、小田原城を取り囲む。周辺の城を落とされて何もできなくなった北条家は、やがて降伏した。

➡ **豊臣家が天下統一！**

## 信長の跡を継いで天下を統一した英雄
# 豊臣秀吉

とよとみ ひでよし　　生没年　1536年～1598年

戦闘
知力
家柄
野心

出身地　尾張国（愛知県）

足軽から天下人になった日本一の出世人

第1章　豊臣家　豊臣秀吉

　足軽の子として生まれたが、織田信長に仕えて立身出世のチャンスを得ると、墨俣の築城を成功させて信長に認められた。家中では秀吉を嫌う者もいたが、金ヶ崎の撤退戦で殿軍に志願するなど、人の嫌がる仕事も進んでこなす仕事ぶりは文句のつけようがなく、秀吉はやがて一国一城の主へと出世する。
　本能寺で信長が討たれると、真っ先に京へ戻って明智光秀を倒した。その後、対立した柴田勝家を破ると、徳川家康も屈服させる。そして四国、九州を征服し、関東の北条家も降伏させて、天下を統一したのである。

**武将トリビア**　「人たらし」と言われた秀吉流の巧みな人心操作術
秀吉は大名になると、羽柴秀吉と改名した。新しい名字は、柴田勝家と丹羽長秀から1字ずつもらったもの。織田家中で孤立しないよう、重鎮に気をつかったのだ。

Illustration: 藤川純一

# 天下人が最も頼りにした弟
# 豊臣秀長

とよとみ ひでなが　生没年 1540年〜1591年

第1章　豊臣家　豊臣秀長

- 戦闘
- 知力
- 家柄
- 野心

出身地　尾張国（愛知県）

故郷で農民をしていたが、兄である豊臣秀吉の頼みで武士の道に入った。温厚な性格で、長浜城の城代を務めたり秀吉の家臣たちの調整役をこなすなど、おもに秀吉の補佐を務めた。しかし、単なる裏方ではなく、四国攻めや九州攻めでは指揮官としても活躍し、武将の才能も並外れたところを証明している。

秀吉の天下統一が間近になったころから体調を崩し、小田原征伐には参戦できなかった。そして、翌年に病没。頼れる相談役でブレーキ役でもあった秀長を失ったことは、秀吉にとって大きな痛手となるのである。

## 兄との二人三脚で天下をつかむ

### 武将トリビア
**秀長の早すぎる死が豊臣政権の寿命を縮めた**

秀長の死後、歯止めの利かなくなった秀吉は後継者の豊臣秀次を切腹させるなど、豊臣政権を自ら壊していく。秀長が長生きしていれば歴史は変わったかもしれない。

Illustration: 米谷尚展

## 秀吉の大出世のきっかけを手伝った武将
# 卍 蜂須賀小六

はちすか ころく　生没年 1526年〜1586年

- 戦闘
- 知力
- 家柄
- 野心

出身地: 尾張国（愛知県）

第1章 豊臣家

蜂須賀小六

### 謀略・交渉を担当した秀吉の懐刀

斎藤道三や織田信賢、織田信清に仕えたあと、織田信長の配下になった。豊臣秀吉が墨俣に築城を命じられたときに、力を貸したといわれ、以後も秀吉と行動をともにした。本能寺の変後も秀吉に仕え、四国制圧後には阿波一国を与えられた。しかし、小六は秀吉のそばに仕えることを望み、息子の家政に家督を譲って領地経営を任せている。

小六は敵将への内応工作や交渉事を得意とした。本能寺の変後の毛利家との和平交渉や、四国攻めのときの長宗我部家との交渉などは、小六のおかげでうまくいったといわれている。

**武将トリビア**
一夜城建設を成功させた小六の仲間たち

小六は若いころ、川並衆という集団を率いていたと伝えられる。秀吉が墨俣城を築城するときには、彼らの協力で資材の運搬や建築がスムーズに進められたという。

Illustration: 佐藤仁彦

# 「今孔明」と呼ばれた秀吉の知恵袋
## 竹中半兵衛

たけなか はんべえ　生没年 1544年〜1579年

- 戦闘 ★★★★☆
- 知力 ★★★★★
- 家柄 ★★★☆☆
- 野心 🔥🔥🩶🩶🩶

出身地：美濃国（岐阜県）

**第1章　豊臣家　竹中半兵衛**

斎藤家に仕えていたが、当主の斎藤龍興と対立するようになり、斎藤家を離れていた。斎藤家が滅びると、信長の命令で訪ねてきた豊臣秀吉に勧誘されて配下になった。以後は秀吉の軍師を務め、浅井家との戦いではふたつの城を寝返らせるなど、天才的な策略で秀吉を支えた。

しかし、播磨国の三木城を攻略していたとき、半兵衛は病に倒れてしまう。病状を心配した秀吉は療養をすすめたが、半兵衛は戦場で死にたいと復帰し、秀吉に兵糧攻めを進言する。これが半兵衛最後の策となり、間もなく病死した。

### 城攻めを得意とした若き天才軍師

**武将トリビア**
半兵衛の天才ぶりを物語る
**稲葉山城乗っ取り事件**

斎藤家に仕えていたころ、半兵衛は主君の龍興を諫めるため、斎藤家の居城・稲葉山城を占拠した。このときの半兵衛の手勢は16人、かかった時間はたった1日だったという。

Illustration：虹之彩乃

## 竹中半兵衛と並んで「両兵衛」と呼ばれた名参謀

くろだ かんべえ　　生没年 1546年～1604年

- 戦闘 ★★★★☆
- 知力 ★★★★★
- 家柄 ★★★☆☆
- 野心 ★★★★☆

出身地 播磨国〜(兵庫県)

第1章 豊臣家

黒田官兵衛

　小寺家に仕えていたが、主君を説得して信長に臣従する。以後は信長の家臣のような扱いとなり、豊臣秀吉のもとで活躍した。その後、本能寺の変が起きると、京に戻って明智光秀を討つよう進言。これにより秀吉は主君の仇討ちを成功させ、天下取りに大きく前進した。

　秀吉の死後、関ヶ原の戦いが起きると、混乱に乗じて九州各地を攻めて勢力を拡大した。このとき官兵衛は中国地方まで攻め上がるつもりだったといわれるが、関ヶ原の戦いが1日で終わったため、それ以上の進軍はせずに兵を退いたという。

### 武将トリビア
**天下の名軍師の意外な大失敗**

信長に仕えて間もないころ、官兵衛は謀反した荒木村重の説得役をかって出たが、失敗して牢に閉じ込められる。功を焦って痛い目にあった、若いころの苦い失敗談だ。

さまざまな策をもって秀吉を天下人に押し上げた

Illustration: 藤川純一

## 豊臣家に尽くした秀吉子飼いの忠臣
# 石田三成

| いしだ みつなり | 生没年 | 1560年～1600年 |

- 戦闘 ★★☆☆☆
- 知力 ★★★★☆
- 家柄 ★★☆☆☆
- 野心 ★★☆☆☆

出身地：近江国（滋賀県）

**第1章　豊臣家　石田三成**

豊臣秀吉に小姓として仕え、のちに奉行職を担当。秀吉に仕事ぶりを高く評価され、五奉行のひとりにまで出世した。しかし、戦場で命をかけていた加藤清正や福島正則など武断派の武将とは対立が続き、秀吉の死後には武断派による三成襲撃事件が発生。これが原因で三成は奉行をやめることになる。

秀吉の死後、徳川家康が影響力を強めていくと、三成は家康を非難し、ついには討伐の兵をあげた。そして関ヶ原の戦いで決戦を挑むが、小早川秀秋らの寝返りによって敗北し、捕らえられて処刑された。

### 豊臣家を守るため奮闘した五奉行のひとり

**武将トリビア**
**子どものころから才能の片鱗を見せていた**

少年時代は寺の小坊主だった三成は、寺に立ち寄った秀吉に茶を求められた。三成はまずぬるめ、次にやや熱め、最後に熱い茶を出し、秀吉を感心させたという。

Illustration: 虹之彩乃

# 西軍の不利を知りながら友情に殉じた武将

# 大谷吉継

おおたに よしつぐ　　生没年 1559年～1600年

戦闘
知力
家柄
野心

出身地　近江国（滋賀県）

第１章　豊臣家　大谷吉継

友との厚い友情に命をかけて応える

豊臣秀吉の小姓から出世した武将で、おもに奉行職を務めた。指揮官としても優れており、賤ヶ岳の戦いでは柴田勝豊を調略で内応させ、戦場でも「賤ヶ岳の七本槍」に並ぶほどの戦いぶりと評価されている。

石田三成の親友で、三成が家康打倒の兵をあげたときには、勝ち目が薄いことを知りながらも三成の味方につく。そして関ヶ原の戦いでは小早川秀秋の裏切りを警戒して近くに控え、予想通りに裏切った小早川隊と戦闘。吉継は相手より少ない兵で逆に押し返すほど奮戦したが、ついに力尽きて自刃した。

**武将トリビア**
真の友情で結ばれていた吉継と三成

吉継は難病のせいで醜い顔だったが、三成は親友として接した。あるときの茶会では吉継の顔から膿が茶碗に落ちたが、三成はそのまま飲んで吉継を感激させたという。

Illustration: 丞悪朗

## 秀吉の子飼いから出世した剛勇無双の名将

# 加藤清正

かとう きよまさ　　生没年　1562年～1611年

- 戦闘
- 知力
- 家柄
- 野心

出身地：尾張国（愛知県）

### 第1章　豊臣家　加藤清正

豊臣秀吉の遠縁にあたり、幼いときに父が死んだため、秀吉を頼って小姓として仕えた。

清正は抜群の武勇を誇り、冠山城の戦いでは敵陣一番乗りを果たして敵の勇士を討った。また、賤ヶ岳の戦いでも山路正国を討ち取り「賤ヶ岳の七本槍」のひとりとして功績を称えられた。その後、肥後国の領主となると、治水工事をはじめ領国経営でも優れた手腕を発揮した。

秀吉の死後は石田三成との対立から徳川家康に味方したが、戦後は家康と豊臣秀頼の会見を取りまとめるなど、最後まで豊臣家に忠誠を尽くした。

**愛用の片鎌槍で敵将も虎も叩き伏せる**

#### 武将トリビア　大陸にも轟いた虎殺しの猛将伝説

清正は朝鮮戦争でも先鋒に抜擢されて大活躍し、首都を攻略してふたりの王子を捕らえた。その武勇は大陸に知れ渡り、清正が虎を退治したという伝説も生まれた。

Illustration: 佐藤仁彦

## 秀吉配下きっての剛直な猛将
# 福島正則

ふくしま まさのり　生没年 1561年〜1624年

戦闘　★★★★☆
知力　★★★☆☆
家柄　★☆☆☆☆
野心　★★★☆☆

出身地

尾張国（愛知県）

第1章

豊臣家

福島正則

　豊臣秀吉の叔母の子。加藤清正と並ぶ秀吉配下でも有数の猛将で、17歳で初陣を飾って以来各地の戦場で活躍する。賤ヶ岳の戦いでは拝郷家嘉を討ち取る大手柄を立てて、「賤ヶ岳の七本槍」の筆頭と称えられた。
　同じ小姓あがりだが石田三成とは次第に対立するようになっていき、秀吉の死後には三成を嫌う諸将とともに三成襲撃事件を起こす。関ヶ原の戦いでも三成の敵にまわり、東軍の先陣を任された。その後、広島四十九万石の大大名となるが、幕府に無断で城の修理をしたことが原因で改易され、出家した。

### 酒癖は悪いが戦場働きでは負けない

**武将トリビア**
酔った勢いの一言で天下の名槍を持っていかれる

あるとき正則は酔った勢いで母利太兵衛に「飲み干せたら好きな褒美をとらせる」と酒をすすめた。すると見事に飲み干され名槍「日本号」を持っていかれてしまった。

Illustration: 米谷尚展

## 立身出世の意欲が秀吉に気に入られた勇将

# 加藤嘉明

かとう よしあき　　生没年 1563年〜1631年

第1章 豊臣家

加藤嘉明

戦闘
知力
家柄
野心

出身地　三河国（愛知県）

海戦を得意とした「七本槍」のひとり

徳川家康の家臣だった父の加藤教明が一向一揆に参加したため一家で国を追われ、流浪の末に豊臣秀吉に仕えた。最初は秀吉の養子・秀勝の小姓を務めたが、出世を焦ったのか秀勝の許可をもらわずに勝手に出陣し、職を失いそうになる。しかし、秀吉はその意欲を気に入り、自分の配下に取り立てた。

その後、正式に初陣を飾った嘉明は、秀吉配下の有力武将として名をあげ、賤ヶ岳の戦いでは「賤ヶ岳の七本槍」に数えられる。秀吉の死後は家康に仕えて伊予国の領主となり、のちに会津四十三万石の大名になった。

### 武将トリビア
**名品よりも部下が大切**
**寛大さが部下の心をつかむ**

嘉明の家臣が10枚ひと組の皿を割ってしまったときのこと。嘉明は「残りがあると割った者が責められる」と言い、残りの9枚も割って責任を不問にしたという。

Illustration: 米谷尚展

## 徳川家に味方した最年長の「七本槍」
# ◎ 脇坂安治

わきさか やすはる　　生没年 1554年～1626年

戦闘
知力
家柄
野心

出身地　近江国（滋賀県）

第1章　豊臣家　脇坂安治

## 天下分け目の一戦で決定的な働き

浅井長政の家臣だったが、主家が滅びたため織田家に仕えるようになり、やがて豊臣秀吉の配下になることを希望して許された。安治は赤鬼と呼ばれた敵方の猛将・赤井直正から称賛されるほどの武勇の持ち主で、賤ヶ岳の戦いでは「七本槍」のひとりに数えられるほど活躍。水軍を率いても強く、小田原征伐や朝鮮出兵にも参戦した。

秀吉の死後は徳川家康に近づき、関ヶ原の戦いでは戦闘中に寝返って東軍の勝利を決定づけた。しかし、かつての主君であるる豊臣家へ配慮したのか、大坂の陣には参加しなかった。

### 武将トリビア
**内応の約束のおかげで領地を守ることに成功**

関ヶ原の戦いで安治とともに東軍に寝返った武将たちは、戦後に裏切り者として減封や領地没収となった。戦前から内応を約束していた安治はおとがめなしだった。

Illustration: 佐藤仁彦

## 築城名人で戦場でも活躍した智将
# 藤堂高虎

とうどう たかとら　　生没年　1556年〜1630年

戦闘　★★★★☆
知力　★★★★☆
家柄　★☆☆☆☆
野心　★★★★★

出身地：近江国（滋賀県）

**仕えるに値しない主君はこちらからお断り**

### 第1章 豊臣家　藤堂高虎

浅井家をはじめ4人の主君のもとを転々としたが長続きせず、豊臣秀長の家臣となってようやく腰を落ち着ける。秀長には恩義を感じたようで、秀長の死後は養子の秀保に仕えた。しかし秀保は早死にし、悲観した高虎は出家する。これを知った豊臣秀吉は、高虎の能力を惜しんで大名に復帰させた。秀吉の死後は徳川家康に仕えた。

高虎は築城の名人で、領国の宇和島城のほか、江戸城や駿府城などの普請を担当した。家康だけでなく徳川秀忠や家光からも信頼され、外様ながら譜代のように扱われていたという。

#### 武将トリビア
**見る目のある主君を選んで忠節を尽くす**

高虎は生涯に何度も主君を変えたが、自分の能力を評価してくれた豊臣秀長には、秀長が亡くなるまで仕えている。家康もこれをよくわかっており、高虎を重用した。

Illustration：佐藤仁彦

## 決断を誤らず細川家を繁栄させた名君

# 細川忠興

| ほそかわ ただおき | 生没年 | 1563年〜1646年 |

戦闘

知力

家柄

野心

出身地: 山城国（京都府）

細川藤孝の長男で、織田信忠の配下としておもに畿内の戦いに参戦。元服したときに信忠から1字をもらい、忠興と名乗る。戦上手で勝つためなら苛烈な手段も採用し、敵を騙し討ちにするなど容赦のない性格だった。
　妻は明智光秀の娘・玉子（ガラシャ）で、本能寺の変が起きると光秀に協力を求められたが、拒否して中立を保つ。以後は豊臣秀吉に仕えるも石田三成と対立し、関ヶ原の戦いでは東軍についた。このとき、大坂城にいた妻の玉子が西軍の襲撃を受けて亡くなったが、徳川家への忠節は変わらなかったという。

**平時は一流の文化人　戦場では無類の戦上手**

第1章　豊臣家　細川忠興

### 武将トリビア
**文化にも理解のある知性あふれる勇将**

忠興は戦場では恐れを知らない猛将だったが、和歌や絵画などに精通した当代一流の文化人でもあった。特に茶の湯は「利休七哲」に数えられる優れた腕前だった。

Illustration: 米谷尚展

# 父譲りの謀略の才と武勇を併せもつ名将

# 黒田長政

くろだ ながまさ　生没年 1568年～1623年

- 戦闘
- 知力
- 家柄
- 野心

出身地：播磨国（兵庫県）

**第1章　豊臣家　黒田長政**

黒田官兵衛の長男で、幼少時は織田家の人質となった。荒木村重が信長に謀反したとき、官兵衛が村重の説得に失敗して捕らえられると、官兵衛の寝返りを疑った信長に殺されかけた。しかし、竹中半兵衛の機転のおかげで、命を救われている。

成長後は豊臣秀吉に仕え、多くの戦いに参戦。朝鮮出兵では先鋒として活躍したが、石田三成と対立し、秀吉の死後は徳川家康に近づいた。関ヶ原の戦いでは西軍諸将の内応工作を担当し、戦場でも島左近を討ち取るなど奮闘。東軍一の功労者として筑前五十二万石を与えられた。

## 謀略に軍事に腕を振るった関ヶ原最大の功労者

### 武将トリビア：実直で誇り高かった長政の生き様

関ヶ原の戦い後、諸将は捕らえられた石田三成を侮辱した。しかし長政は馬から降り、羽織を脱いで三成に着せた。敗者を辱めたりしない、誇り高き武将だったのだ。

Illustration: 三好載克

## 大坂の陣で名を轟かせた黒田家の勇将
# 後藤又兵衛

ごとう またべえ　　生没年 1560年〜1615年

 戦闘
 知力
 家柄
野心

出身地：播磨国（兵庫県）

幼少時に父を亡くして黒田官兵衛に引き取られ、黒田家の武将となった。敵を恐れず一番乗りを争う猛将で、関ヶ原の戦いでは石田三成配下の勇士を一騎討ちで討ち取り、大隈城の城主に取り立てられた。しかし、官兵衛の後継者である黒田長政と関係が悪く、やがて黒田家を出奔してしまう。このとき長政が他家への仕官を妨害したため、しばらく牢人生活を続けた。
その後、豊臣秀頼と徳川家康の対立が深まると、豊臣家に仕官。豊富な実戦経験を頼られ武将たちの中心的存在となって戦い、大坂夏の陣で戦死した。

### 大坂城を死に場所に選んだ歴戦の勇士

**第1章 豊臣家　後藤又兵衛**

#### 武将トリビア
**主君へのスパルタ教育が出奔の原因につながった？**
朝鮮出兵で黒田長政が敵将と一騎討ちしたとき、又兵衛は「敵に討たれるようなら殿ではない」と言って助けなかった。これが原因でふたりのあいだに溝ができたという。

Illustration: 三好載克

# 無敵の槍術で戦場を暴れ回った武人

## 可児才蔵

かに さいぞう
生没年 1554年～1613年

戦闘
知力
家柄
野心

出身地 美濃国（岐阜県）

第1章 豊臣家

可児才蔵

宝蔵院流槍術を習得した、戦国時代有数の槍の達人。斎藤家や織田家の武将たちに仕えたあと、豊臣秀次の家臣となる。しかし、小牧・長久手の戦いで秀次の軍勢が大敗したとき、馬を失った秀次に馬を譲らなかったため、怒った秀次に解雇されてしまった。最終的には福島正則の配下になり、小田原征伐や関ヶ原の戦いで活躍した。

秀次とのエピソードから冷徹な人物という印象も受けるが、部下には優しく自分の給与を分け与えることもあった。民衆にも人気があり、才蔵の墓の前を通る人は敬意を払ったという。

宝蔵院流槍術の妙技を見よ
「笹の才蔵」ここにあり！

### 武将トリビア
超人的な武勇が生んだ「笹の才蔵」の異名

才蔵は合戦で多くの敵の首をとるため運ぶことができず、笹の葉を首の切り口に差し込んで自分が討った証明とした。このため才蔵は「笹の才蔵」と呼ばれた。

Illustration: 中山けーしょー

## 裏方で活躍した秀吉の親族

# 浅野長政

あさの ながまさ

| 生没年 | 1547年～1611年 | 出身地 | 尾張国（愛知県） |

豊臣秀吉の妻・ねねの実家である浅野家の養子で、秀吉とは親族の関係。温厚な性格で、家臣をまとめたり、秀吉とほかの武将の関係を取りもった。五奉行の筆頭だったが石田三成と対立し、秀吉の死後は徳川家康に味方した。

Illustration: 米谷尚展

## 浮き沈みの激しい武将人生

# 仙石秀久

せんごく ひでひさ

| 生没年 | 1522年～1614年 | 出身地 | 美濃国（岐阜県） |

豊臣秀吉の子飼いの武将。九州征伐の軍監を任されるが、命令を守らず勝手に攻撃を始めたうえに大敗して逃げ帰り、激怒した秀吉に追放された。しかし、徳川家康の取りなしで参加を許された小田原征伐で活躍し、大名に復帰した。

Illustration: 米谷尚展

第1章　豊臣家

浅野長政／仙石秀久

## 商家出身の異色の名将

### 小西行長
こにし ゆきなが

| 生没年 | 生年不詳～1600年 | 出身地 | 和泉国（大阪府） |

堺の商人の家に生まれながら武将となった変わった経歴の持ち主で、キリシタンだった。はじめは宇喜多家に仕え、のちに豊臣秀吉の家臣となる。秀吉の死後は石田三成について関ヶ原の戦いに挑むが、敗北して捕らえられ処刑された。

Illustration: 米谷尚展

第1章 豊臣家

小西行長／高山右近

## 信仰に殉じたキリシタン大名

### 高山右近
たかやま うこん

| 生没年 | 1552年～1615年 | 出身地 | 摂津国（大阪府） |

豊臣秀吉に仕えた武将。敬虔なキリシタンだったが、秀吉が宣教師の追放令を出したため、立場が悪くなる。その後、江戸幕府がキリスト教禁止令を出したことで、ついに日本に居場所を失い、フィリピンに渡ってそこで生涯を終えた。

Illustration: 米谷尚展

## 天下の決戦の最重要キーマン

### 小早川秀秋
こばやかわ ひであき

| 生没年 | 1582年～1602年 | 出身地 | 播磨国（兵庫県） |

豊臣秀吉の妻・ねねの兄の息子。秀吉の養子となったが、秀頼が生まれたため小早川家に養子に出された。秀吉の死後は徳川家康に近づき、関ヶ原の戦いでは西軍として参加しながら合戦中に寝返って、東軍の勝利を決定づけた。

Illustration: 中山けーしょー

## 誕生が遅すぎた悲劇の後継者

### 豊臣秀頼
とよとみ ひでより

| 生没年 | 1593年～1615年 | 出身地 | 摂津国（大阪府） |

豊臣秀吉が年老いてから生まれた待望の実子。5歳で豊臣家を継ぎ、徳川家康が力を増す状況を許してしまった。やがて秀頼は家康と対立して大坂の陣が始まるが、すでに日本の支配者だった家康に敵うはずもなく、大坂城で自害した。

Illustration: 誉

第1章 豊臣家 ― 小早川秀秋／豊臣秀頼

# 戦国コラム2

# 朝廷について

## 天皇を中心とした権威の象徴

### 戦国時代の朝廷の役割

朝廷とは天皇を頂点とした政治組織のことで、『古事記』や『日本書紀』にも登場するほど古い歴史がある。平安時代まで朝廷は日本の政治の中心だったが、平安時代末期に平氏や源氏などの武士が台頭すると実質的な権力をもたなくなってしまう。鎌倉時代から南北朝時代にかけて朝廷は実権を取り戻そうとしたが失敗に終わり、戦国時代でもその状況は続いていた。だが、政治権力をもたなくても朝廷は人々から敬意を払われる存在だったため、時代ごとの実力者は朝廷の権力を自分の権力の裏付けとして利用した。彼らは朝廷に献金したり労働力を提供する見返りとして、官位という「御墨付き」をもらっていたのである。

信長や秀吉がその存在を利用した、正親町天皇。

### 朝廷で働くスタッフ「公家」

公家とは朝廷に仕える貴族たちの総称。戦国武将たちが朝廷とやり取りをする場合には、この公家たちがあいだを取りもった。戦国時代、公家の多くは収入源である荘園を地元の武士に奪われて経済的に苦しんでいたが、四国の一条家のように地元に強い勢力を保って戦国大名化するものもいた。

一条兼定

# 戦国時代の官位

官位とは役職名を表す「官職」と、序列を表す「位階」を合わせた言葉。位階は右の表に記載した通り、30段階あった。従より正が格上で、四位以下は正と従のなかでもそれぞれ上下に分けられた。役職はさまざまなものがあったが、戦国武将はほとんどが領国経営や戦いに忙しかったため役職通りの働きをすることはなく、自分の権威を表す格付け的なものでしかなかった。

## 【律令制における位階一覧】

| 官位 | 官位 | 官位 |
|---|---|---|
| 正一位 | 正五位上 | 従七位上 |
| 従一位 | 正五位下 | 従七位下 |
| 正二位 | 従五位上 | 正八位上 |
| 従二位 | 従五位下 | 正八位下 |
| 正三位 | 正六位上 | 従八位上 |
| 従三位 | 正六位下 | 従八位下 |
| 正四位上 | 従六位上 | 大初位上 |
| 正四位下 | 従六位下 | 大初位下 |
| 従四位上 | 正七位上 | 少初位上 |
| 従四位下 | 正七位下 | 少初位下 |

## 【有名な戦国武将の官職】

| 武将 | 任命された主な官職 | 位階 |
|---|---|---|
| 織田信長 | 右大臣、右近衛大将 | 従二位 |
| 豊臣秀吉 | 関白、太政大臣 | 従一位 |
| 徳川家康 | 征夷大将軍、太政大臣 | 従一位 |
| 伊達政宗 | 権中納言、陸奥守 | 従三位 |
| 最上義光 | 右大夫、左近衛少将 | 従四位 |
| 北条氏康 | 左京大夫、相模守 | 従五位上 |
| 佐竹義宣 | 右京大夫、左近衛少将 | 従四位上 |
| 結城晴朝 | 左衛門督、中務大輔 | 従五位下 |
| 武田信玄 | 大膳大夫、信濃守 | 従四位下 |
| 真田昌幸 | 安房守 | 従五位下 |
| 上杉謙信 | 弾正少弼 | 従五位 |
| 今川義元 | 治部大輔 | 正五位下 |
| 斎藤義龍 | 治部大輔、左京大夫、美濃守 | 正五位下 |

| 武将 | 任命された主な官職 | 位階 |
|---|---|---|
| 浅井長政 | 備前守（自称） | — |
| 朝倉義景 | 左衛門督 | 従四位下 |
| 足利義輝 | 征夷大将軍、左近衛中将 | 従三位 |
| 三好長慶 | 修理大夫、伊賀守、筑前守 | 従四位下 |
| 毛利元就 | 右馬頭、治部少輔、陸奥守 | 従四位上 |
| 尼子経久 | 民部少輔、伊予守 | 従五位上 |
| 宇喜多秀家 | 侍従、参議、権中納言 | 従三位 |
| 大内義隆 | 兵部卿、侍従、大宰大弐 | 従二位 |
| 長宗我部元親 | 土佐守、宮内少輔（自称） | 従五位下 |
| 一条兼定 | 左近衛中将、権中納言 | 従三位 |
| 島津義久 | 修理大夫 | 従四位下 |
| 大友宗麟 | 左衛門督 | 正四位下 |
| 龍造寺隆信 | 山城守 | 従五位下 |

第1章 戦国コラム ② 朝廷について

## 朝廷の許可なく勝手に名乗ることも

上の表は有名な戦国武将たちの官位をまとめたものだが、浅井長政が「自称」扱いとなっている点に注意。じつは戦国時代には、朝廷から任命されたものではなく、勝手に官職を名乗っていた例も多いのだ。よく見られる自称の例には「○○守」や「○○介」があるが、「守」は国司と呼ばれる地方の行政官の長官、「介」は国司の副官を表す。地元で勢力を拡大して勝手に国司を名乗ることが多かったようだが、このおかげで同時代に同じ地区の担当者が複数存在するという、ありえないことも起きていたのだ。

# 徳川家

耐えて忍んで生き残り天下をつかむ

【家紋：三つ葉葵】
葵の葉を3つ描いた家紋で、もとは京都賀茂神社の神紋。本多家や酒井家でも使われた。

## 徳川家の勢力図

徳川家康が生まれた当時は今川家の属国のような立場だったが、桶狭間の戦いで今川義元が死ぬと独立。織田家と同盟を結び、東へと領土を拡げた。織田信長の死後は豊臣秀吉と争ったがのちに臣従し、北条家を倒すと領国は関東へと移った。その後、秀吉が死ぬと関ヶ原の戦いが発生。これに勝利して、江戸幕府を開いた。

1561年ごろの徳川家勢力

1585年ごろの徳川家勢力

## 徳川家が参加したおもな合戦

■＝攻城戦　✕＝野戦

### 1584年 小牧・長久手の戦い
徳川軍 vs 豊臣軍

秀吉と対立した織田信雄が、家康を頼って開戦。小牧山や長久手周辺で複数の戦いがあった。徳川軍が優勢だったが、信雄が秀吉と和睦して戦いが終わる。

➡ 徳川家が得るものなしの決着

### 1600年 関ヶ原の戦い
徳川軍 vs 石田軍

秀吉の死後、家康と対立した石田三成が挙兵して、関ヶ原で決戦となる。石田方にいた小早川秀秋をはじめ数人の武将が寝返り、徳川軍が圧勝した。

➡ 小早川秀秋の寝返りが決定打！

### 1614年〜1615年 大坂の陣
徳川軍 vs 豊臣軍

豊臣秀頼は、大坂城に牢人たちを集めて立てこもり徳川軍と対決。豊臣方の真田幸村や後藤又兵衛が奮戦するが、兵力差はどうしようもなく徳川軍が完勝。

➡ 豊臣家が滅亡！

## 太平の世を築いた戦国の最終勝利者

# 徳川家康

とくがわ いえやす　　生没年 1543年～1616年

- 戦闘 ★★★★★
- 知力 ★★★★
- 家柄 ★★★★
- 野心 ★★★★☆

出身地：  三河国（愛知県）

**第1章　徳川家　徳川家康**

## かつてのライバルが没し最後に勝利をつかむ

幼少時代は今川家の人質として過ごしたが、桶狭間の戦いで義元が討ち取られたため、三河国に戻って独立。織田家と同盟を結び、信長の盟友となる。

本能寺の変が起きると信濃国に領土を拡げ、織田信雄と結んで豊臣秀吉に対抗した。だが、信雄が秀吉と和睦したため、秀吉に臣従する。その後、秀吉が死ぬと勢力を拡大し、反発した石田三成らを関ヶ原の戦いで破る。こうして名実ともに日本一の権力者になると、江戸幕府を開いて征夷大将軍の座につく。そして大坂の陣で豊臣家を滅ぼし、ついに天下を統一した。

### 武将トリビア
**何よりも家の存続を優先した我慢のエピソード**

家康の長男の信康は、信長から武田家との内通を疑われ、切腹を命じられている。しかし徳川家に織田家と戦う力はなく、家康は家を守るために息子を切腹させた。

Illustration：藤川純一

## 徳川四天王の筆頭を務めた古参の勇将
# 酒井忠次

さかい ただつぐ　　生没年 1527年～1596年

出身地：三河国（愛知県）

**第1章　徳川家　酒井忠次**

### 若き主君を補佐して天下に導いた功臣

徳川家康の父の代から仕えた宿老。桶狭間の戦い後に家康が独立すると、三河一向一揆勢との戦いや姉川の戦いなどで活躍する。そして長篠の戦いでは信長に武田軍の背後への奇襲攻撃を進言し、見事に成功させてその武名を轟かせた。

このように忠次は家康に忠実に仕えたが、家康の長男・信康に武田家との内通の疑いがかけられたときには信長にいっさい弁明を行わず、信康切腹の原因を作ったともいわれている。しかし、その後も忠次は家康の家臣筆頭であり続け、隠居するまで懸命に働いている。

**武将トリビア　決戦を前に緊張する仲間をリラックスさせた機転**

長篠の戦いの直前、忠次は海老すくいを踊って武将たちの緊張をほぐしたという。剛胆な猛将のイメージがあるが、仲間への気づかいもできる名将だったのである。

Illustration：よじろー

## 東国一の武士といわれた「徳川四天王」
# 本多忠勝

ほんだ ただかつ　　生没年　1548年〜1610年

- 戦闘 ★★★★★
- 知力 ★★☆☆
- 家柄 ★★☆☆
- 野心 🔥🔥☆☆

出身地：三河国（愛知県）

## 第1章 徳川家 本多忠勝

### 敵からも称賛された天下無双の剛勇の士

幼少時から徳川家康に仕え、桶狭間の戦いで初陣を飾る。徳川家随一の猛将だった忠勝は、つねに危険な場所でその武勇を振るった。その見せ場のひとつが三方ヶ原の戦いだ。この戦いでは徳川勢が壊滅し、忠勝は家康が逃げる時間を稼ぐために殿軍を務める。そして充分に時間を稼いだあと、なんと敵中を突破して無事に退却したのである。また、小牧・長久手の戦いでも忠勝は500人の小隊で、豊臣家の大軍を翻弄している。

忠勝の勇名は敵方からも称賛の的であり、「家康には過ぎたる者」とまで言われたという。

### 武将トリビア：無敵の忠勝が負ったただ一度の傷

忠勝は生涯57回の合戦で、1回も傷を受けなかった。しかし、隠居後に誤って小刀でかすり傷を負い、「傷を負ったら終わりだな」とつぶやいて数日後に死去した。

Illustration: 樋口一尉

## 秀吉を挑発した大胆不敵な武将

# 榊原康政

さかきばら やすまさ　　生没年 1548年〜1606年

- 戦闘：★★★★☆
- 知力：★★★☆☆
- 家柄：★★☆☆☆
- 野心：★★☆☆☆

出身地：三河国（愛知県）

**第1章　徳川家　榊原康政**

徳川家康に小姓として仕え、三河一向一揆の鎮圧戦で初陣を飾る。この戦いで大活躍し、家康から名前の1字を与えられて康政と名乗る。剛胆な性格で、小牧・長久手の戦いでは「織田家を乗っ取ろうとしている」と豊臣秀吉を非難した。激怒した秀吉は康政の首に十万石の賞金をかけたが、康政はまったく気にしていなかった。

家康からの信頼は厚く、関ヶ原の戦いでは徳川秀忠軍の軍監を務めた。秀忠は真田昌幸に足止めされて開戦に間に合わず、家康の怒りをかったが、康政のとりなしで救われたという。

**部隊の指揮力と胆力では四天王随一の名将**

### 武将トリビア
**康政が愛用した思い出の一品**

若いころは貧乏だった康政は、初陣では兄弟子からもらった古い鎧を使った。康政はこれを縁起物として大切にし、出陣するときはいつもいったんこの鎧を着たという。

Illustration：よじろー

# 徳川最強部隊を率いた若き猛将
# 井伊直政

いい なおまさ　　生没年 1561年〜1602年

- 戦闘 ★★★★☆
- 知力 ★★★★☆
- 家柄 ★★☆☆☆
- 野心 ★★☆☆☆

**出身地**：遠江国（静岡県）

**第1章　徳川家**

## 井伊直政

### 敵を震え上がらせた井伊の赤鬼

今川家家臣の井伊直親の子。徳川家康の小姓だったが、武勇を認められて武将となった。家康に対しては絶対の忠誠心で仕え、戦闘中に傷を受けてもひるむことなく戦い続けた。その結果、直政はいつしか酒井忠次や本多忠勝、榊原康政ら先輩諸将と肩を並べ、「徳川四天王」と呼ばれるようになった。

関ヶ原の戦いでも直政は抜け駆けして一番槍をあげるなど、いつにもまして勇敢に戦い、島津豊久を討つ殊勲をあげる。しかし、乱戦のなかで銃弾を受けてしまい、戦後間もなく傷が悪化して早死にしてしまった。

### 武将トリビア
**徳川最強と名高い「井伊の赤備え」の誕生**

家康が旧武田領を支配したとき、直政は武田家の猛将・山県昌景にあやかり、部隊の装備を赤一色に統一した。以後、直政の部隊は「井伊の赤備え」と呼ばれた。

Illustration: 佐藤仁彦

## 討ち死に覚悟で忠義を尽くした武士の鑑

# 鳥居元忠

とりい もとただ　　生没年　1539年〜1600年

- 戦闘
- 知力
- 家柄
- 野心

出身地：三河国（愛知県）

第1章　徳川家　鳥居元忠

**大軍を引きつけ壮絶に散った忠義の士**

徳川家康が今川家の人質だったころから仕えていた側近で、旗本先手役を務めていた。

秀吉の死後、上杉征伐を決めた家康は、伏見城の守備を元忠に任せた。このとき家康は自分が動けば石田三成が挙兵して、伏見城を攻撃することを予測していた。元忠も事情はわかっており、死を覚悟して家康を送り出した。その後、伏見城は敵に囲まれるが、元忠は降伏勧告をはねつけて応戦。13日間も戦い続け、敵将との一騎討ちの末に討ち死にする。主君への忠義を尽くした元忠の生き様は、三河武士の鑑と褒め称えられた。

### 武将トリビア
**危険を省みない勇敢さの代償も**

元忠は自ら敵地に忍び込んで斥候をこなすこともあった。しかし、諏訪原城の戦いでは敵に発見され、足を銃で撃たれて歩行に障害が残るほどの大ケガを負っている。

Illustration：よじろー

## 家康の知恵袋を務めた名参謀

# 本多正信

| ほんだ まさのぶ | 生没年 | 1538年〜1616年 |

- 戦闘
- 知力
- 家柄
- 野心

出身地: 三河国（愛知県）

第1章 徳川家　本多正信

さまざまな謀略で天下取りをサポート

はじめは鷹匠として徳川家康に仕え、のちに家康の参謀となった。しかし、三河国で一向一揆が起きると徳川家を出奔し、一揆勢に加わって家康と戦い、一揆が鎮圧されると三河国を出て松永久秀に仕えている。その後、諸国を流浪した末に大久保忠世のとりなしで徳川家への復帰を求める。家康は一度は自分に背いた正信を許し、以前のように側近として受け入れた。

正信は徳川家中でも随一の知恵者で謀略を得意とし、家康の相談相手も務めた。二代将軍の徳川秀忠にも信頼され、江戸幕府の顧問に任命されている。

### 武将トリビア
**家中の嫌われ者だが主君との信頼関係は抜群**

徳川家中では正信は浮いた存在で、本多忠勝からは「腰抜け」と、榊原康政からは「腸の腐った奴」と呼ばれた。しかし、家康は正信を重用し、友人扱いしていた。

Illustration: よじろー

## 豊臣家に走った徳川家の重臣
# 石川数正

いしかわ かずまさ　｜　生没年　生年不詳～1592年

**戦闘** ★★★☆☆
**知力** ★★★★☆
**家柄** ★★★☆☆
**野心** 🔥🔥🔥

**出身地**：三河国（愛知県）

第1章　徳川家　石川数正

徳川家康の人質時代から仕えていた武将で、家康とは親しい関係だった。豪胆で行動力があり、家康が独立したときには今川家にいた家康の妻・築山殿と長男の信康を救い出した。この功績により家康からの信頼は絶対的なものとなり家老に就任。信康の後見人も任された。

しかし、小牧・長久手の戦いが終わり徳川家と豊臣家が和睦したころ、数正は突然徳川家を出奔して豊臣秀吉の家臣となる。重要機密を知り尽くした数正の出奔により、徳川家は軍制改革をしなければならなくなり、しばらく混乱が続いたという。

**徳川家の功臣だが裏切り者の汚名にまみれる**

### 武将トリビア
**徳川家を飛び出した真の理由とは？**

数正の出奔の理由については、恩賞に目がくらんだ説、秀吉に惚れ込んだ説など、さまざまな予測がある。しかし、数正が理由を語らなかったため、真実は闇の中だ。

Illustration：よじろー

## 家の事情に翻弄された天下人の子

### 結城秀康
ゆうき ひでやす

| 生没年 | 1574年～1607年 | 出身地 | 遠江国（静岡県） |

徳川家康の次男。家康には好かれず豊臣秀吉の養子となったが、秀吉に実子が生まれると結城家へ養子に出された。武勇に優れ、関ヶ原の戦いでは上杉家の抑えを担当。功績が大きかったと評価され、五十万石の加増を受けた。

- 戦闘
- 知力
- 家柄
- 野心

Illustration: 樋口一尉

## 幕府を盤石にした有能な二代目

### 徳川秀忠
とくがわ ひでただ

| 生没年 | 1579年～1632年 | 出身地 | 遠江国（静岡県） |

徳川家康の三男で、江戸幕府の二代将軍を務めた。真田昌幸に足止めされて関ヶ原の戦いに遅参する失態もあったが、政治家としては有能で、朝廷との関係強化や大名の統制などを行い、江戸幕府の支配体制を確実にした。

- 戦闘
- 知力
- 家柄
- 野心

Illustration: 誉

第1章 徳川家

結城秀康／徳川秀忠

## 「鬼の半蔵」と呼ばれた忍者の頭領

# 服部半蔵

はっとり はんぞう

| 生没年 | 1542年～1596年 | 出身地 | 三河国（愛知県） |

伊賀忍者の頭領。本能寺の変が起きたとき、伊賀国を通って逃げることを決めた徳川家康一行の道案内を担当。一族が伊賀国出身という縁を頼り、地元の有力者の協力を得て、家康を無事に三河国まで逃がすことに成功した。

Illustration: NAKAGAWA

第1章 徳川家 服部半蔵／渡辺守綱

## 「槍半蔵」の異名をもつ勇士

# 渡辺守綱

わたなべ もりつな

| 生没年 | 1542年～1620年 | 出身地 | 三河国（愛知県） |

徳川家康の旗本で、姉川の戦いや三方ヶ原の戦い、長篠の戦いなどに参戦した。多くの戦いで先鋒や殿軍など危険な持ち場を担当し、家康からの信頼を得た。のちに徳川御三家のひとつである尾張藩の付家老へと出世した。

Illustration: よじろー

## 秀忠を支えた名官僚

### 酒井忠世

さかい ただよ

生没年 1572年〜1635年　出身地 三河国（愛知県）

徳川家康に仕え、徳川秀忠の家老となる。秀忠の腹心ともいえる存在で、秀忠の上洛に付き従ったり、家康への使者に任じられるなど、重要な役割をこなした。三代将軍家光の代に失脚するが、のちに許された。

Illustration: 哉牛涼

## 剣術家から政治家に転身

### 柳生宗矩

やぎゅう むねのり

生没年 1571年〜1646年　出身地 大和国（奈良県）

新陰流の剣豪・柳生宗厳の五男。徳川家康に流派の奥義「無刀取り」を披露して気に入られ、家臣に取り立てられた。将軍家の剣術指南役を務め、家康だけでなく徳川秀忠や徳川家光にも重用され、一万石の大名となった。

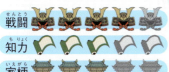

Illustration: 哉牛涼

第1章　徳川家　酒井忠世／柳生宗矩

# 戦国コラム3

# 関ヶ原の戦いについて

## 天下分け目の大戦

### 戦いが始まるまで

豊臣秀吉の死後、日本一の権力者となった徳川家康は、上杉家に謀反の疑いがあるとして上杉征伐を号令し、会津へと向かう。すると家康不在の隙をつくように石田三成が挙兵して、伏見城を陥落させる。家康はすぐに軍勢を戻し、両軍は美濃国関ヶ原で決戦に至った。

#### 開戦の背景

秀吉の死後、家康は決まりを破ってほかの大名との関係を強化したため、三成は家康を危険とみた。家康も気づいており、上杉征伐で三成の挙兵を誘ったといわれる。

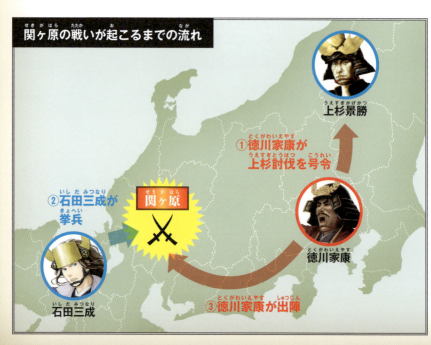

関ヶ原の戦いが起こるまでの流れ

① 徳川家康が上杉討伐を号令
② 石田三成が挙兵
③ 徳川家康が出陣

上杉景勝
徳川家康
石田三成
関ヶ原

## 関ヶ原の戦い 合戦図

■＝徳川軍（東軍）
■＝石田軍（西軍）
■＝西軍から東軍への寝返り組

### 第1章 戦国コラム ③ 関ヶ原の戦いについて

## 合戦の流れ

　関ヶ原に集まった軍勢は、徳川家康が大将の東軍7万と、石田三成を中心とした西軍8万。東軍は兵数では不利だが、小早川秀秋や吉川広家など西軍の数人の武将に内応の誘いをかけていた。合戦が始まると吉川隊は動かず、一族である毛利隊の動きも止めた。小早川隊は家康の催促で動き出し、小早川秀秋に続いて数人が裏切って西軍に突入する。これで西軍は大混乱になり、壊滅した。

敗北　石田三成　大谷吉継　宇喜多秀家
石田方（西軍）

勝利　徳川家康　黒田長政　福島正則
徳川方（東軍）

# 関ヶ原の戦いに関連した戦い

天下分け目の決戦となった関ヶ原の戦いの影響は全国に伝わり、国内のほとんどの大名が東軍か西軍のどちらに属するのか立場を明らかにして、各地で東軍勢力と西軍勢力が激突している。ここではそうして発生した戦いのなかで、代表的なものを紹介する。

慶長出羽合戦の屏風絵。関ヶ原の戦いという大きな流れが、全国を戦いに巻き込んだ。

第1章 戦国コラム ③ 関ヶ原の戦いについて

## 第二次上田合戦　徳川秀忠 vs 真田昌幸

徳川家康は軍勢をふたつに分けて片方を自分で率い、もう一方を徳川秀忠に任せた。秀忠隊は中山道を進み、上田城の前にさしかかると城主の真田昌幸に開城を要求した。しかし、昌幸は返答を遅らせて籠城する。怒った秀忠は上田城を攻撃するが返り討ちにあい、関ヶ原の戦いに遅れてしまった。

敗北　徳川軍（東軍）　徳川秀忠／榊原康政
勝利　真田軍（西軍）　真田昌幸／真田幸村

## 慶長出羽合戦　徳川秀忠 vs 真田昌幸

最上家ら東北の大名は上杉征伐のため山形に集まったが、家康が関ヶ原に向かったため解散する。家康不在の隙をつき、上杉軍は最上領に侵攻した。最上軍は兵数で劣っていたが粘り強く戦い、やがて関ヶ原の戦いで西軍敗北の情報が届く。これで上杉軍は総撤退となり、翌年には庄内も奪われた。

勝利　最上軍（東軍）　最上義光
敗北　上杉軍（西軍）　直江兼続

# 第2章 各地の有力大名

天下に覇を唱えんと、勢力を伸ばした群雄たち。彼らもみな、戦国時代の名優だった。ひとつの時代を築き上げた有力大名と家臣を解説。

# 伊達家

**天下への野心を保った奥州の名門**

## 伊達家の勢力図

伊達家は東北の大勢力だったが、伊達稙宗の代に息子の晴宗とのあいだで内紛が起き、勢力が弱まった。稙宗から三代あとの当主である伊達政宗は周辺国と戦って領土を拡げたが、時代は豊臣秀吉の天下統一へと動いており、やむなく臣従。一揆扇動の疑いで領土を減らされたものの、秀吉の死後に徳川家に味方して領土を回復した。

1580年ごろの伊達家勢力

1589年ごろの伊達家勢力

## 伊達家が参加したおもな合戦

🏯=攻城戦　✗=野戦

### 1585年 人取橋の戦い

伊達軍 VS 佐竹軍

伊達軍が二本松城を攻め、救援にやってきた佐竹家や蘆名家らの連合軍と戦った。伊達軍は大敗したが、佐竹軍は北条家の動きを警戒して退却した。

➡ **政宗が九死に一生を得る！**

### 1589年 摺上原の戦い

伊達軍 VS 蘆名軍

伊達軍が蘆名領に攻め込み、摺上原で決戦が始まる。蘆名軍は家臣団が対立関係にあって統制が取れず壊滅的な敗北を喫し、蘆名家は滅亡した。

➡ **伊達軍が圧勝！**

### 1589年 葛西大崎一揆平定

伊達軍 VS 一揆軍

葛西・大崎で発生した一揆を、政宗と蒲生氏郷が平定させた。しかし、戦後この一揆を政宗が扇動したという証拠が見つかってしまい、大問題となる。

➡ **政宗が謀略で自爆！**

【家紋：竹に雀紋】
上杉家が伊達実元を養子に迎えるときに贈られた。養子縁組は破談となったが紋は使われた。

## 伊達家を立て直した名君
# 伊達輝宗

| だて てるむね | 生没年 | 1544年～1585年 |

- 戦闘
- 知力
- 家柄
- 野心

出身地: 出羽国（山形県）

### 第2章 伊達家 — 伊達輝宗

**政宗登場の舞台を整えて歴史から姿を消す**

東北地方の名門・伊達家の第十六代当主。輝宗は当主となってすぐに、家中で権力を握っていた中野宗時と牧野久仲を追放して実権を握る。そして家臣をまとめあげ、相馬家に奪われていた領土を取り戻した。その後、輝宗は当時18歳の長男・政宗に家督を譲る。輝宗はただ者ではない政宗の才能に、伊達家の輝かしい未来を見たのである。

しかしその翌年、輝宗は畠山義継に捕らえられ、捕虜にされかける。急いで駆けつけた政宗に対し、輝宗は自分ごと義継を討つように命じ、義継を道連れに壮絶な最期を遂げた。

**武将トリビア: 政宗を名将に育てた輝宗の愛情**

輝宗は政宗の教育係として名僧を呼んだり、腹心に片倉小十郎をつけるなど、幼いころから期待をかけていた。政宗が名将に成長したのはこの教育方針のおかげである。

Illustration: よじろー

## 東北から天下を狙った「独眼竜」
# 伊達政宗

| だて まさむね | 生没年 | 1567年～1636年 |

戦闘
知力
家柄
野心

出身地：出羽国（山形県）

### 第2章 伊達家 伊達政宗

　18歳で家督を継ぎ、伊達家の当主となった。群雄同士の小競り合いが続いた東北情勢は、政宗の登場で大きく動き出す。
　政宗が家督を継いだ時代、天下は豊臣秀吉によって統一される寸前だった。秀吉は大名同士の私戦を禁じる「惣無事令」を出したが、政宗は無視して東北各地に出兵し、摺上原の戦いでは蘆名家を攻め滅ぼした。こうして伊達家は東北最大の勢力となるが、秀吉と戦う道は選ばず小田原征伐の最中に豊臣家に臣従する。しかし、その後も一揆を扇動するなど、天下取りのチャンスを狙っていたという。

野心あふれる
遅れてきた英雄

**武将トリビア**
中国の名将にあやかった政宗のあだ名

　政宗は4歳のときに疱瘡にかかり、右目を失った。人々は中国の唐で活躍した隻眼の名将・李克用のあだ名になぞらえて、政宗を「独眼竜」と呼ぶようになった。

Illustration: 誉

## 政宗の忠実なる腹心
# 片倉小十郎

かたくら こじゅうろう　|　生没年　1557年〜1615年

戦闘
知力
家柄
野心

出身地：出羽国（山形県）

第2章 伊達家
片倉小十郎

## 「独眼竜」と歩んだ知勇兼備の名軍師

伊達輝宗に小姓として仕え、息子の政宗の近侍となる。家中では「智の片倉」と呼ばれ、政宗の軍師として活躍。小田原攻めのとき、豊臣秀吉への臣従を渋った政宗を、「秀吉の兵はハエのようなもので、追い払ってもきりがない」と説得したのも小十郎である。政宗とは強い信頼関係で結ばれており、我の強い政宗も小十郎の言葉は素直に聞き入れたという。

秀吉も小十郎の才覚を評価して、政宗から引き離して自分の家臣に取り立てようとした。しかし小十郎は誘いを断り、生涯政宗に忠節を尽くしている。

### 武将トリビア　政宗の右目を切り取り強い絆を作る

幼いころ、政宗の右目は病の後遺症で飛び出ており、コンプレックスになっていた。そこで小十郎は自ら刃物をとって政宗の右目を切り取り、主君の悩みを解決した。

Illustration: 七片藍

# 「武の成実」と呼ばれた家中随一の猛将

# 伊達成実

だて しげざね　　生没年 1568年〜1646年

- 戦闘
- 知力
- 家柄
- 野心

出身地：出羽国（山形県）

## 第2章 伊達家 伊達成実

伊達政宗の一門出身で、自ら「勇武無双」と公言していた勇将。18歳で参戦した人取橋の戦いでは味方が崩れかかるなかで奮戦して政宗の危機を救い、摺上原の戦いでは敵軍の横から突撃して流れを変えるなど、伊達家の武の要として活躍した。

しかし、政宗が豊臣秀吉に臣従したあと、成実は突然伊達家から出奔する。出奔の理由は不明で、出奔中には上杉景勝や徳川家康から誘いがあったようだが、成実はこれを断っている。その後、片倉小十郎らのとりなしで伊達家に復帰し、政宗の死後は息子の忠宗にも仕えた。

大軍にもひるまず
前進あるのみ

### 武将トリビア
**毛虫の飾りは決意の証**

成実は前進するのみで後ろに下がらない毛虫の習性に感心し、毛虫をかたどった飾りのついた兜を愛用した。戦場で一歩も退かないという気構えを表したものだ。

Illustration：よじろー

## 「伊達三傑」に数えられた有能な行政官
# 鬼庭綱元

おににわ つなもと　　生没年 1549年〜1640年

- 戦闘
- 知力
- 家柄
- 野心

出身地：出羽国（山形県）

後方からの支援で伊達家の快進撃を支える

伊達家の重臣・鬼庭左月斎の長男。左月斎は73歳という高齢で人取橋の戦いに参戦し、殿軍を務めて討ち死にした豪傑だったが、綱元はどちらかといえば軍事より政務を得意とした。豊臣秀吉の天下統一後、伊達政宗が大崎・葛西の一揆を扇動したと疑われたとき、綱元は主君の弁明を行った。これに感心した秀吉は褒美を与え、綱元は断り切れず受け取ってしまう。しかし、主君に断りなく褒美を受けたため政宗の怒りをかい、やむなく伊達家を出奔した。5年経ってほとぼりが冷めたころ、ようやく帰参している。

### 武将トリビア
**伊達家の知勇の名将と並ぶ家中に欠かせない人材**

綱元は領地の経営や軍隊への補給など、内政に関わる分野で活躍した。その貢献度は高く、片倉小十郎や伊達成実と並ぶ「伊達三傑」のひとりとして称えられている。

Illustration: よじろー

第2章　伊達家　鬼庭綱元

## 剛勇を誇った「伊達者」の勇士
# 原田宗時

はらだ むねとき　生没年 1565年〜1593年

第2章　伊達家　原田宗時

戦闘　★★★★☆
知力　★★☆☆☆
家柄　★★★☆☆
野心　★★★★☆

出身地：出羽国（山形県）

派手な姿で京の人々を魅了

伊達家の家臣・原田宗政の甥で、宗政が戦死したときに子がいなかったため、原田家の家督を継いだ。武勇に優れ、伊達政宗配下の勇将として活躍。摺上原の戦いでは菅原城を陥落させる手柄を立てた。しかし、さしもの豪傑も病には勝てず、朝鮮出兵時に風土病にかかってしまい、帰国途中で亡くなった。

同僚の後藤信康をライバル視しており、あるとき信康の態度に腹を立てて、決闘を申し込んだ。しかし、信康に「自分たちが争うのは伊達家のためにならない」と諭されて和解し、親友になったという逸話がある。

### 武将トリビア
**「伊達者」の語源となった豪華絢爛な軍勢**

朝鮮出兵のとき、伊達軍は派手な格好で身を固め、宗時も長さ2.7mの太刀を下げて注目を集めた。これを見た人々は派手好きな彼らを「伊達者」と呼んだ。

Illustration: よじろー

## ヨーロッパまで渡った政宗の使者
# 卍 支倉常長

| はせくら つねなが | 生没年 | 1571年～1622年 |

- 戦闘
- 知力
- 家柄
- 野心

出身地: 出羽国（山形県）

### 第2章 伊達家
### 支倉常長

## 世界を半周した遣欧使節の代表者

伊達政宗に仕えた武将。スペインとの交流を望んだ政宗の命令で、太平洋を渡ってスペイン領・メキシコへ旅立った。しかし、通商条約を結ぶことができなかったため、今度は大西洋を越えてヨーロッパへ渡る。そしてスペイン国王に謁見し、キリシタンに改宗してローマ法王とも謁見するが、ここでも交渉に失敗してついに帰国した。

常長が帰国したとき、日本ではキリスト教は禁教となっており、常長も改宗を命じられる。7年にもわたる航海が無駄になったことに落胆した常長は、2年後にさびしく死んだという。

### 武将トリビア
**野望に燃える主君の密命をおびて旅立つ**

政宗は世界最強の海軍国だったスペインの軍事力を利用して、天下取りを狙っていたといわれる。常長は主君の野望のため、命をかけて使命を果たそうとしたのだ。

Illustration: 中山けーしょー

# 最上家

**戦国乱世を乗り切るも改易された名門**

## 最上家の勢力図

最上家は代々羽州探題を務めた名門だが、伊達家に破れて支配下におかれていた。しかし、最上義守の代に伊達家の内紛に乗じて独立する。義守の跡を継いだ義光は豊臣秀吉に臣従して領土を保ち、秀吉の死後は徳川家康に接近。上杉家との戦いに勝利して五十七万石の大大名となるが、義光の死後に御家騒動が起きて改易となった。

1572年ごろの最上家勢力 → 1622年滅亡
1622年ごろの最上家勢力

## 最上家が参加したおもな合戦

⛩=攻城戦　✗=野戦

### 1588年 大崎合戦

最上・大崎連合軍 vs 伊達軍

伊達軍に攻められた大崎の救援に、最上軍が駆けつけた。両軍がにらみ合うなか、伊達家に嫁いでいた義光の妹・義姫が割って入り、停戦となった。

→ **義姫の貫禄勝ち！**

### 1588年 十五里ヶ原の戦い

最上軍 vs 上杉軍

庄内地方の支配を狙う上杉家が、大崎合戦で義光が不在の隙に襲撃。最上軍は奮闘するが敗北した。上杉家の行動は惣無事令違反だが、黙認された。

→ **義光抜きの最上軍が敗北！**

### 1600年 慶長出羽合戦

最上軍 vs 上杉家

関ヶ原の戦いで徳川家についた最上家領内に、上杉家の大軍が侵攻。最上軍は粘り強く戦い抜き、やがて関ヶ原の結果を知って上杉軍が退却した。

→ **最上軍の粘り勝ち！**

【家紋：二つ引き両】
足利将軍家と同じ家紋。最上家は足利家一門の斯波家の分家なので、この家紋を使った。

## 最上家の最盛期を築いた名君

# 最上義光

もがみ よしあき　　生没年　1546年～1614年

- 戦闘
- 知力
- 家柄
- 野心

出身地　出羽国（山形県）

第2章　最上家　最上義光

甥の政宗と
東北の覇者の座を
競う

最上家の第二十一代当主。妹の義姫は伊達政宗の母で、義光は政宗にとって伯父にあたる。

先見の明があり、早い段階から豊臣秀吉と接触して、秀吉の養子・秀次に娘の駒姫を嫁入りさせた。しかし、秀次が謀反の疑いで切腹させられると、駒姫までも処刑される。さらに義光にも謀反の疑いがかかるが、徳川家康のとりなしで疑いは晴れた。こうした出来事があったためか、関ヶ原の戦いでは徳川家の味方につき、自国に攻め込んできた上杉軍と戦っている。そして見事に上杉軍を追い返し、五十七万石の大名となった。

### 武将トリビア　手紙が伝えた正しい名前

義光の名前は長いあいだ「よしみつ」と読まれていた。しかし、義光が義姫にあてた手紙のなかに平仮名で「よしあき」と記述があったため、正しい読み方が判明した。

Illustration: 七片藍

# 北条家

伊豆から始まり関東一帯の覇者となる

## 北条家の勢力図

今川家の家臣だった北条早雲が、堀越公方の家督争いに乗じて伊豆を支配し、扇谷上杉家と山内上杉家の内紛のあいだに小田原城を占領して拠点としたのが北条家の始まり。以後、代を重ねるごとに関東へと勢力を拡げ、四代目当主・氏政の代に最大の領土を獲得する。しかし、氏直の代に豊臣家による小田原征伐を受け、滅亡した。

1516年ごろの北条家勢力 → 1570年ごろの北条家勢力

【家紋：三つ鱗】
ヘビの鱗に似ていることから、鱗紋と呼ばれる。鎌倉時代に北条家が使った紋を引き継いだ。

## 北条家が参加したおもな合戦

🏯=攻城戦 ⚔=野戦

### 1546年 河越城の戦い
北条軍 VS 山内上杉軍

北条綱成が守る河越城を、山内上杉家、扇谷上杉家、足利家らの連合軍8万人が包囲。氏康は夜襲をかけ、綱成も連携して敵を挟み撃ちにして追い払った。

→ 氏康が敵軍の気の緩みをつく！

### 1560年〜1561年 小田原城の戦い
北条軍 VS 上杉軍

関東に進出してきた上杉謙信が10万人の大軍で小田原城を包囲した。しかし、氏康は堅城・小田原城にこもり、上杉軍の兵糧が尽きるまで守り切った。

→ 上杉謙信も小田原城を落とせず！

### 1582年 神流川の戦い
北条軍 VS 織田軍

本能寺の変後、信長の死を知った北条軍が上野に侵攻。滝川一益が迎え撃ち、いったんは追い返すが再び攻撃を受けると支えきれず、上野国から撤退した。

→ 織田家を関東から叩き出す！

## 関東に地盤を築いた文武両道の名君
# ▲ 北条氏康

ほうじょう うじやす  
生没年 1515年〜1571年

- 戦闘: ★★★★☆
- 知力: ★★★★★
- 家柄: ★★★★★
- 野心: ★★★☆☆

出身地: 相模国（神奈川県）

**第2章 北条家**  
北条氏康

軍事も政務も超一流の手腕

小田原城を拠点として関東に勢力を誇った北条家の第三代当主。関東の名門である山内上杉家、扇谷上杉家、足利家らとの戦いを繰り返し、領土を勝ち取っていった。河越城の戦いでは上杉・足利連合軍8万人に対して、わずか1万人にもならない軍勢で奇襲をかけ、見事に破っている。また、近隣の武田家や上杉家、今川家との勢力争いでも互角以上の戦績を残した。

政務についても検地や税制改革を進め、領地の経済力を高めた。氏康の政治手腕は、他の大名たちが手本にするほど優れたものだったという。

**武将トリビア**  
家臣の言葉が胆力を成長させた

氏康は子どものころ、武芸の訓練を見て驚いて気絶した。しかし、家臣に「初めての経験で驚くのは恥ではなく、心構えが大切」と言われ、物事に動じない性格になった。

Illustration: 藤川純一

## 関東を支配したが秀吉に屈する
# 北条氏政

ほうじょう うじまさ　生没年 1538年〜1590年

- 戦闘
- 知力
- 家柄
- 野心

出身地：相模国（神奈川県）

**第2章　北条家　北条氏政**

　北条氏康の子で北条家第四代当主。21歳で家督を継ぎ、氏康と協力しながら関東に勢力を拡げた。その後、息子の氏直に家督を譲ってからは、氏直と協力しながら領国を運営。氏康時代の領土に加えて、下野国や常陸国、駿河国なども支配し、北条家史上最大の領土を勝ち取る。

　しかし、この成功で慢心してしまったのか、氏政は豊臣秀吉の実力をあなどり、臣従せずに戦いを選んでしまう。関東の覇者も日本の半分以上を支配した秀吉の軍勢には勝てず、大軍の前に小田原城は落城。氏政は切腹させられてしまった。

### 北条家の最盛期を築いた関東の覇者

**武将トリビア**
**離縁した妻を愛し続けた情愛の深さ**

　氏政の妻は武田信玄の娘だったが、武田家と敵対したときに離縁となる。のちに武田家と関係修復したときすでに妻は亡く、氏政は寺院を建てて妻を偲んだという。

Illustration: 藤川純一

## 「地黄八幡」が旗印の猛将

# ▲ 北条綱成

ほうじょう つなしげ

| 生没年 | 1515年～1587年 | 出身地 | 駿河国（静岡県） |

今川家の家臣・福島正成の子。父の戦死後に北条家に仕え、北条氏綱の娘婿となって一門衆に加わった。北条家親衛隊の「北条五色備え」のひとりとなり、河越城の戦いでは北条氏康と協力して敵の大軍を破るなど、数々の戦功を立てた。

Illustration: ue☆no

## 諜報や人心操作で活躍した忍軍の長

# ▲ 風魔小太郎

ふうま こたろう

| 生没年 | 生年不詳～1603年 | 出身地 | 不詳 |

風魔小太郎とは北条家に仕えた風魔忍者の頭領に代々引き継がれた名前。黄瀬川の戦いで武田軍を混乱させ、北条家の勝因を作ったという五代目風魔小太郎が有名。北条家の滅亡後は盗賊になり、江戸時代に捕らえられて処刑された。

Illustration: 七片藍

第2章 北条家

北条綱成／風魔小太郎

## 主家に弓を引いた重臣

# 大道寺政繁

だいどうじ まさしげ

| 生没年 | 1533年～1590年 | 出身地 | 相模国（神奈川県） |

北条早雲の盟友「御由緒家」の一族で北条氏康、氏政、氏直の三代に仕えた。小田原征伐では松井田城を守ったが、大軍に城を囲まれて降伏。その後は豊臣軍の一員に加わったが、戦後に開戦の責任を問われて切腹させられた。

Illustration: ue ☆ no

第2章 北条家 大道寺政繁／松田憲秀

## 家中を混乱させた家老

# 松田憲秀

まつだ のりひで

| 生没年 | 生年不詳～1590年 | 出身地 | 相模国（神奈川県） |

北条家の筆頭家老を務め、大名に匹敵する権力者だったといわれる重臣。豊臣秀吉による小田原征伐では、独断で秀吉との和平交渉を始め、内通疑惑をかけられた。憲秀の行動によって北条家の士気は下がり、降伏を早めたともいわれる。

Illustration:ue ☆ no

## 優れた教養のおかげで再就職
# 板部岡江雪斎

いたべおか こうせつさい

| 生没年 | 1536年～1609年 | 出身地 | 不詳 |

北条家で政務や外交を担当した僧。北条家と豊臣家の対立が深くなると、使者として豊臣秀吉に面会。和歌や茶の湯に通じた一流の文化人である江雪斎は秀吉に気に入られて茶を振る舞われ、小田原征伐後は秀吉の御伽衆に採用された。

Illustration: ue☆no

第2章 北条家

板部岡江雪斎／北条氏直

## 家の存続と平和を望んだ若き当主
# 北条氏直

ほうじょう うじなお

| 生没年 | 1562年～1591年 | 出身地 | 相模国（神奈川県） |

北条氏政の子で北条家最後の当主となった五代目。豊臣家との和平を望んでいたが、家臣が勝手に真田家を攻撃して、秀吉が出した「惣無事令」に違反。弁明も聞き入れられず、小田原征伐で北条家は滅亡し、氏直は高野山に流された。

Illustration: 三好載克

## 佐竹家

平安時代から続いてきた関東の名門

### 佐竹家の勢力図

平安時代の武将・源義家を先祖にもつ清和源氏の一門で、戦国時代には上杉家と結んで北条家に対抗しながら常陸国を制圧した。伊達政宗の登場で伊達家が勢力を拡大すると、北条家と伊達家に挟まれて苦しくなったが、豊臣秀吉に臣従して領地を守る。しかし、関ヶ原の戦いで中立を保ったため、秋田へ領地替えとなった。

1572年ごろの佐竹家勢力

1595年ごろの佐竹家勢力

### 佐竹家が参加したおもな合戦

🏯=攻城戦　⚔=野戦

**1564年　山王堂の戦い**
佐竹軍 VS 小田軍

小田家と対立した佐竹家が上杉家に援軍を要請。上杉謙信が自ら出撃し、小田軍を一蹴した。佐竹軍は野戦が終わったあと到着して、小田城を陥落させた。

➡ **佐竹軍が労せずして勝利！**

**1584年　沼尻合戦**
佐竹軍 VS 北条軍

信長の死後、急速に拡大した北条家に対し、佐竹家と宇都宮家の連合軍が攻撃をかけた。大きな衝突はなく戦いは長期化し、やがて講和で決着した。

➡ **時間切れによる引き分け**

**1588年　郡山合戦**
佐竹軍 VS 伊達軍

蘆名家と伊達家の勢力争いに、蘆名家の後ろ盾となっていた佐竹家も助力。しかし、惣無事令違反のため表立って参戦できず、戦果のないまま撤退した。

➡ **決戦にならずに終了**

**【家紋：五本骨月丸扇】**
源頼朝に賜った扇紋に、月丸をつけた紋。このほかに佐竹桐や源氏香の家紋も使われた。

## 北に南に戦い続けた「鬼義重」

# 佐竹義重

さたけ よししげ

| 生没年 | 1547年〜1612年 | 出身地 | 常陸国（茨城県） |

　清和源氏を祖先にもつ関東の名門・佐竹家の第十八代当主。関東の覇権を巡って北条家と何度も戦い、伊達政宗が勢力を拡大すると蘆名家に肩入れして東北にも出兵した猛将。早くから豊臣秀吉と接触し、小田原征伐では豊臣軍に参加した。

Illustration: ue☆no

第2章 佐竹家

佐竹義重／佐竹義宣

## 方針の対立で先祖代々の地を失う

# 佐竹義宣

さたけ よしのぶ

| 生没年 | 1570年〜1633年 | 出身地 | 常陸国（茨城県） |

　佐竹義重の子で佐竹家第十九代当主。小田原征伐での戦功で常陸五十四万石の大名となるが、関ヶ原の戦いで義宣は石田三成を、義重は徳川家康を支持して家中で意見が割れ、結局中立を保ったため戦後に出羽二十一万石に厳封された。

Illustration:ue☆no

大勢力の力を巧みに利用した生き残り策

# 結城家

## 結城家の勢力図

結城家は平将門の乱を討伐した藤原秀郷の子孫。戦国時代には北条家や上杉家の動向をうかがいながら、所属先を変えて生き残った。そして小田原征伐のときに豊臣家に臣従し、徳川家康の子で秀吉の養子だった秀康を後継者として迎える。しかし、その秀康は徳川姓に復帰して越前国に転封になり、家名は途絶えてしまった。

1556年ごろの結城家勢力 → 1604年家名消滅
1604年ごろの結城家勢力

## 結城家が参加したおもな合戦

🏯＝攻城戦　⚔＝野戦

### 1560年　結城城の戦い
結城軍 VS 佐竹軍

佐竹家や宇都宮家、小田家の連合軍が結城領内に侵攻。前年に結城家当主となったばかりの結城晴朝は、結城城にこもって戦い、連合軍を追い返した。

→ **周辺諸国連合軍を撃退！**

### 1570年　平塚原の戦い
結城軍 VS 小田軍

小田家が佐竹家に圧倒されて勢力を弱め、好機とみた結城家が侵攻した。兵力は結城軍が多かったが、小田軍が夜襲を成功させて結城軍を破っている。

→ **夜襲により結城軍が大敗！**

### 1600年　会津征伐
結城家 VS 上杉家

秀吉の死後、徳川家康は上杉家に叛意があるとして会津征伐を開始。石田三成が挙兵したため撤退するが、結城秀康が残って上杉家ににらみをきかせた。

→ **結城秀康が存在感を発揮！**

【家紋：左三つ巴】
巴紋と呼ばれるもので、寺院や神社でも使われている。太鼓に描かれることも多い。

# 他者の力を巧みに利用した謀将
## 結城晴朝

ゆうき はるとも　|　生没年 1534年〜1614年

- 戦闘
- 知力
- 家柄
- 野心

出身地：下総国（茨城県）

## 第2章 結城家 — 結城晴朝

### したたかな外交戦術で戦国乱世を泳ぎきる

結城家の一族である小山高朝の三男。結城家当主の伯父・結城政勝の養子になり、第十七代当主となった。情勢を見る能力に優れ、北条家から上杉家、再び北条家と、臨機応変に味方する勢力を変えて家を守った。

やがて豊臣秀吉の天下統一が確実になると、晴朝は秀吉と接触。秀吉に実子の秀頼が生まれて、先に養子に迎えていた徳川秀康の処遇に困っていることを知り、秀康を養子に迎えて天下人との絆を作った。家を存続させるため、使えるものはなんでも利用する。もっとも戦国大名らしい生き方をした人物である。

### 武将トリビア
**名門・結城家の存続にこだわり続けた人生**

鎌倉時代から続く結城家が、秀康の代で越前国に転封となったことは晴朝に衝撃を与えた。晴朝は家系図や家伝を地元の寺社に集め、家の記録を残そうとしたという。

Illustration: 樋口一尉

# 戦国コラム4

# 戦国の姫について

## 家を守るために尽くした姫たちの活躍

第2章 戦国コラム ④ 戦国の姫について

### 姫の役割

戦国時代は男性中心の社会だったため、ほとんどの女性は現代に名前すら伝わっていない。大名家の姫のように社会的な立場が高かった女性でも、それは同じ。彼女たちの役目は、嫁入りした家との結びつきを深めるための道具であり、人質の意味ももっていた。そして、妻となってもほかに側室がいてそちらが寵愛されたり、なかなか跡継ぎの子どもができないときや家同士が敵対したときには離縁されることもあった。しかし、小姓として仕える若い武将たちを教育したり、家臣をまとめて夫の留守を守るなど、家にとって重要な役割を果たした女性たちも少なくなかったという。

**お市の方**
生涯でふたりの夫に嫁ぎ、ふたりとも戦いで失った。戦国時代を代表するかのような、悲劇にみまわれた人生だ。

### 男まさりの勇ましい姫武将も

家の道具として過ごした女性たちがいた一方で、戦国時代の価値観に縛られず、男性たちのように家臣を従えて領主として活躍した女性もいた。また、武器を取って戦場で活躍するという男顔負けの女性もおり、なめてかかって痛い目を見た武将もいたようだ。

Illustration: ナチコ

## 有名な姫とその活躍

### お市の方
**生没年** 1547年〜1583年

織田信長の妹で、浅井長政と結婚した。夫婦仲は良く一男三女に恵まれたが、浅井家は織田家と敵対して滅ぼされ、未亡人となる。その後、織田信孝の仲介で柴田勝家の妻となるが、勝家は豊臣秀吉に敗北。お市の方は逃亡を断り、夫とともに自害した。

**関連人物 浅井長政**
お市の方の最初の夫。織田家に攻められて滅亡間近となったとき、お市の方と子どもたちを城外へ逃がした。

### 小松姫
**生没年** 1573年〜1620年

本多忠勝の娘。第一次上田合戦で真田家の戦いぶりに感心した徳川家康が、真田家との結びつきを強めるため真田信之に嫁がせた。芯が強い女性で、関ヶ原の戦い直前には信之不在の家を守り、西軍方の真田昌幸を武装して迎えて追い返したという。

**関連人物 真田信之**
小松姫の夫。信之は小松姫を頼りにしており、亡くなったときには「我が家の灯りが消えた」と嘆いた。

### 淀殿
**生没年** 1569年〜1615年

浅井長政とお市の方のあいだに生まれた三姉妹の長女。お市の方はふたり目の夫・柴田勝家が敗北した際に自害したが、淀殿は妹たちとともに逃がされ、豊臣秀吉の側室となる。のちに豊臣秀頼を生んで発言力を強めるが、大坂夏の陣に敗北して自害した。

**関連人物 豊臣秀頼**
淀殿が生んだ豊臣家の後継者。それまで男子に恵まれなかった秀吉は、待望の跡継ぎ誕生に大喜びした。

### 義姫
**生没年** 1548年〜1547年

最上義光の妹。伊達輝宗に嫁ぎ、伊達政宗と弟の小次郎、ふたりの娘を生む。豪胆で行動的な女傑で、伊達家と最上家が争いになると輿で戦場へ乗り入れ、両軍のあいだに入って争いを治めたことが2回もある。のちに伊達家を離れ、最上家に戻った。

**関連人物 伊達政宗**
義姫は小次郎を溺愛して政宗とは不仲説があったが、政宗とやりとりした愛情あふれる手紙も発見された。

### 井伊直虎
**生没年** 生年不詳〜1582年

今川家の家臣・井伊直盛の娘。桶狭間の戦いで直盛が戦死し、後継者となった井伊直親も謀反の疑いで処刑されたため、当時出家していた寺に戻って当主になる。徳川家康の協力で家中を牛耳っていた重臣を処刑し、井伊家をまとめた。

**関連人物 井伊直政**
井伊直親の子で、直虎のいとこにあたる。直虎に引き取られ、井伊家を継いで徳川家康の猛将に育った。

### 甲斐姫
**生没年** 1572年〜没年不詳

北条家に仕えた武将・成田氏長の娘。小田原征伐のとき、氏長は小田原城にいて居城である忍城に不在だったため、城代の成田泰季とその子・長親らと協力して石田三成の包囲軍から城を守りきった。戦後、武勇伝を気に入った豊臣秀吉の側室となった。

**関連人物 石田三成**
甲斐姫らの奮闘に圧倒されて忍城を落とせなかったため、これ以降軍下手のイメージが定着してしまった。

---

第2章 戦国コラム ④ 戦国の姫について

# 武田家

**戦国最強の軍団として名を轟かせる**

## 武田家の勢力図

武田家は清和源氏一門の源義光から続く武門の名家。武田信虎の代に甲斐国を統一し、信虎を追放した息子・武田信玄は北条家や今川家と同盟を結び信濃国を制圧した。信玄は今川義元が死ぬと駿河国も攻め取ったが、上洛中に病死。四男の勝頼が跡を継ぐが、長篠の戦いでの大敗をきっかけに衰退し、織田家に攻め滅ぼされた。

1531年ごろの武田家

1573年ごろの武田家

## 武田家が参加したおもな合戦

🏯=攻城戦　⚔=野戦

### 1550年 砥石城の戦い

武田軍 VS 村上軍

武田軍が村上家の砥石城を攻めるが、守りが堅く大きな被害が出てしまう。信玄が諦めて撤退すると村上軍が逆襲し、武田軍の被害はさらに拡大した。

→ **信玄の人生で最悪の大敗！**

### 1573年 三方ヶ原の戦い

武田軍 VS 徳川軍

上洛を目指す信玄が三河国へ侵攻。浜松城を素通りされた徳川家康が後方から攻めかかるが、信玄はこれを予測して陣を敷いて待ち、徳川軍を粉砕した。

→ **信玄が格の違いで圧勝！**

### 1574年 高天神城の戦い

武田軍 VS 徳川軍

武田家の家督を継いだ勝頼は、領土拡大のため高天神城を攻める。高天神城は信玄ですら落とせなかった堅城だが、勝頼率いる武田軍の猛攻で陥落した。

→ **勝頼が父以上の武略を見せる！**

【家紋：割り菱】
割り菱は武田家のほかにもよく使われた家紋だが、武田家の紋は菱の間隔が狭いことが特徴。

# 山国を強国に育て天下を狙った英雄

# 武田信玄

たけだ しんげん　生没年 1521年～1573年

- 戦闘 ★★★★☆
- 知力 ★★★★★
- 家柄 ★★★★★
- 野心 ★★★★☆

出身地

甲斐国（山梨県）

第２章　武田家
**武田信玄**

## 戦国最強軍団を率いる甲斐の虎

清和源氏の末裔である名門・武田家の第十九代当主。父の武田信虎を追放して家中の実権を握ると、法整備や治水工事、金山の開発などを進めて民衆の信頼を得た。そして今川家、北条家と三国同盟を結び、信濃国へと進出。隣国・越後国の上杉謙信と５度にわたる川中島の戦いで激突して多くの犠牲者を出したが、決着はつかなかった。

その後、信玄は今川家との同盟を破棄して、駿河国へ攻め入り天下を狙う。そして三方ヶ原の戦いで徳川家康を一蹴し、いよいよ織田信長と直接対決と思われたが、病で急死した。

### 武将トリビア
**武田軍のトレードマーク「風林火山」の旗印**

信玄率いる武田軍の軍旗「風林火山」。これは古代中国の兵法書『孫子』から引用した、軍隊のあり方を示したもの。この旗印のもと、武田軍は戦国最強を誇った。

Illustration: 立澤準一

# 経歴が謎に包まれた伝説の軍師
# 山本勘助

やまもと かんすけ / 生没年: 生年不詳～1561年

戦闘
知力
家柄
野心

出身地: 三河国（愛知県）

## 敵の狙いを見透かす隻眼のにらみ

第2章 武田家 山本勘助

武田家の軍学書『甲陽軍鑑』に登場し、武田信玄の軍師を務めたといわれる。隻眼で足も不自由だったため今川家では仕官を断られたが、信玄に能力を見抜かれて配下になった。勘助は主君の期待に応え、信濃国の攻略戦では9の城を落とし、海津城や小諸城の普請も担当した。
第四次川中島の戦いでは本隊と別働隊で上杉軍を挟み撃ちにする「啄木鳥戦法」を提案して採用されたが、上杉謙信に見抜かれて逆襲されてしまう。自分の策が裏目に出たことを知った勘助は、状況を立て直すために奮戦し、討ち死にした。

### 武将トリビア: 同じ名をもつ武将が勘助の正体?

山本勘助は存在すら疑われることもある謎の人物だが、ほかの史料には「山本管助」という名前があり、これが山本勘助と同一人物か、モデルになった武将ともいわれる。

Illustration: 誉

## 家康のトラウマになった武田の猛将

# 山県昌景

やまがた まさかげ　生没年 1529年～1575年

- 戦闘 ★★★★★
- 知力 ★★★★☆
- 家柄 ★★★☆☆
- 野心 ★★★☆☆

出身地

甲斐国（山梨県）

第2章 武田家 山県昌景

もとの名前を飯富源四郎といったが、兄の飯富虎昌が謀反の疑いで処刑されたため、飯富姓を捨てて山県と名乗った。

昌景は全員が朱色の装備で身を固めた「赤備え」という武田軍最強の部隊を率いて戦い、周辺国を震え上がらせた。三方ヶ原の戦いでは徳川家康も昌景の猛攻の餌食になり、全滅寸前まで追い込まれている。

信玄の死後は後継者の武田勝頼に仕え、長篠の戦いでは自軍の不利を見抜いて退却を進言。しかし、勝頼が決戦を望んだため、勇敢に敵に突撃し、壮絶な討ち死にを遂げた。

### 「赴くところに敵は無し」信玄に称えられた武田最強の将

**武将トリビア**　徳川軍最強部隊として蘇った「赤備え」

武田家の滅亡後、昌景に仕えていた人々は徳川家家臣・井伊直政の部隊に入った。そして誉れ高き「赤備え」が復活を遂げ、徳川軍最強部隊として活躍したのである。

Illustration: 三好載克

## 武田三代に仕えた重鎮

# 馬場信房

ばば のぶふさ　　生没年 1514年〜1575年

第2章　武田家　馬場信房

- 戦闘
- 知力
- 家柄
- 野心

出身地：甲斐国（山梨県）

### 老いてもなお現役で活躍

清和源氏を先祖にもつ名門。教来石家の出身。武田信玄が当主となったころに馬場姓に改名した。信玄からの信頼が厚く、武田領の北の最前線である牧乃島城を任された。また、家中のご意見番としても活躍し、駿河国への侵攻後に信玄が今川家の財宝を集めようとしたときには、「敵の宝物を奪うのは盗賊のすることだ」と批判して財宝をすべて燃やしてしまったという。

信玄の死後は武田勝頼の重臣となり、62歳という高齢で長篠の戦いに参戦。勝頼を逃がすために殿軍を引き受け、奮戦した末に討ち死にした。

#### 武将トリビア：不死身と呼ばれた抜群の武芸と武運

信房はその62年の生涯のうちで70回もの合戦に参加したが、長篠の戦いまで戦場で傷ついたことがなかったという。そのため信房は「不死身の鬼美濃」と呼ばれた。

Illustration: 鯵屋槌志

# 百姓から城主に駆け上がった出世頭
# 高坂昌信

こうさか まさのぶ | 生没年 1527年～1578年

- 戦闘
- 知力
- 家柄
- 野心

出身地：甲斐国（山梨県）

## 第2章 武田家 高坂昌信

### 信玄に愛された美貌の青年

百姓の家に生まれたが武田信玄の側近である奥近習衆に取り立てられ、若くして侍大将に出世した俊英。上杉家への最前線である海津城の城主に抜擢されたことからも、信玄からの厚い信頼がうかがえる。第四次川中島の戦いでは別働隊を率いて上杉軍に奇襲をかけたが空振りに終わり、急いで本隊のもとに駆けつけて全滅の危機に陥っていた信玄の本隊を救った。

江戸時代に書かれた武田家の軍学書『甲陽軍鑑』は、昌信の残した記述をまとめたものといわれる。歴史研究の分野においても、昌信の功績は大きい。

#### 武将トリビア
**男女ともに虜にした魔性の美貌の持ち主**

整った容姿の昌信は信玄に寵愛され、信玄が昌信にあてたラブレターが発見されている。また、信玄以外の男性や、もちろん女性にも人気があったようだ。

Illustration: 鯵屋槌志

## 武田家の滅亡を招いた最後の当主

# 武田勝頼

たけだ かつより　　生没年 1546年〜1582年

- 戦闘
- 知力
- 家柄
- 野心

出身地: 甲斐国（山梨県）

### 偉大な父の武名に恥じない猛将

第2章 武田家　武田勝頼

武田信玄の四男。信玄の長男の義信は謀反の疑いで切腹、次男の信親は盲目、三男の信之は早世していたため、武田家の第二十代当主となった。

軍事的には信玄以上の才覚をもち、当主となった翌年には織田領である美濃国へと侵攻。さらに、信玄でも落とせなかった遠江国の高天神城も落城させた。しかし、長篠の戦いでは織田・徳川連合軍が用意した馬防柵に突撃を阻まれ、鉄砲隊の一斉射撃を受けて大敗し、多くの兵や重臣を失った。以後は落ち目となり、やがて家臣たちにも裏切られて自刃した。

#### 武将トリビア
**本人が強すぎたことが自信過剰につながった？**

織田信長は勝頼を優れた武将と評価していた。しかし『甲陽軍鑑』には勝頼は「強すぎる大将」とあり、武勇に優れるあまり慎重さを欠いていたのかもしれない。

Illustration: 誉

## サポート能力に優れた副将

# 内藤昌豊

ないとう まさとよ

| 生没年 | 1522年〜1575年 | 出身地 | 甲斐国（山梨県） |

武田家家臣だった父の内藤虎豊が武田信虎に殺されたため武田家を離れていたが、武田信玄の代になると復帰した。山県昌景に「真の副将」と呼ばれた冷静沈着な武将で、信玄だけでなく勝頼にも重用されたが、長篠の戦いで戦死した。

Illustration: 鯵屋槌志

第2章 武田家

内藤昌豊／秋山信友

## 信長の叔母を強奪した甲斐の猛牛

# 秋山信友

あきやま のぶとも

| 生没年 | 1527年〜1575年 | 出身地 | 甲斐国（山梨県） |

甲斐源氏の血を引く名族の出身。武田信玄の上洛作戦に呼応して織田領内の岩村城を攻略し、織田信長の叔母である城主の妻を奪った。しかし、これが信長の怒りをかい、長篠の戦い後に織田軍に降伏するが夫人ともども処刑された。

Illustration: 藤川純一

## 主君を見捨てた裏切り者

### 小山田信茂

おやまだ のぶしげ

| 生没年 | 1539年～1582年 | 出身地 | 甲斐国（山梨県） |

　武田家とは姻戚関係があり、他の家臣たちよりも武田家との結びつきは強かった。織田信長に敗れて落ちのびる武田勝頼を迎え入れるふりをして裏切り、自刃に追いやった。しかし、信茂の降伏も許されず、はりつけにされて処刑された。

- 戦闘
- 知力
- 家柄
- 野心

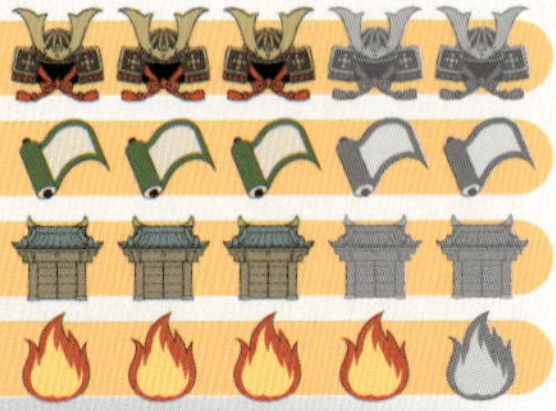

Illustration: 海老原英明

第2章　武田家

小山田信茂／木曽義昌

## かつて敗北した相手に逆襲

### 木曽義昌

きそ よしまさ

| 生没年 | 1540年～1595年 | 出身地 | 信濃国（長野県） |

　武田信玄と戦った信濃国の住人で、信玄の娘を妻にして武田家の一門となる。だが信玄の死後、武田家が落ちぶれると織田家に寝返った。その後は豊臣秀吉に仕え、故郷を離れて下総国へと領地替えを命じられ、失意のうちに死んだ。

- 戦闘
- 知力
- 家柄
- 野心

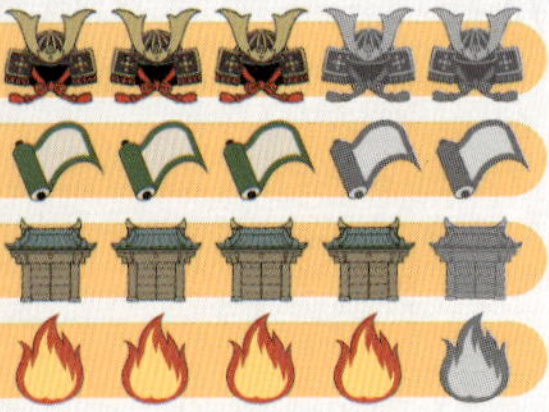

Illustration: 誉

## 武田の意地を見せた勝頼の弟

# 仁科盛信

にしな もりのぶ

| 生没年 | 1557年～1582年 | 出身地 | 甲斐国（山梨県） |

武田信玄の五男で、信濃国の名門・仁科家を継いだ。信玄の死後、兄の勝頼と協力して武田家を支え、高遠城の城主を務めた。織田家の甲州征伐が始まると織田信忠率いる大軍に囲まれ、降伏勧告をはねつけて戦った末に自害した。

Illustration: 藤川純一

第2章 武田家 仁科盛信／穴山梅雪

## 武田家滅亡のきっかけを作った逆臣

# 穴山梅雪

あなやま ばいせつ

| 生没年 | 1541年～1582年 | 出身地 | 甲斐国（山梨県） |

武田信玄の姉の子。武田勝頼が信玄の後継者になると不満をもち、長篠の戦いでは勝手に退却し、武田家を見限って織田家に降伏して生き延びた。しかし、本能寺の変後の混乱のなか、京から領国に戻る途中で一揆勢に襲われ、殺された。

Illustration: 佐藤仁彦

# 真田家

**天下人を恐れさせた策略と智謀**

## 真田家の勢力図

真田幸隆が武田家に仕えていたころから、真田家は信濃国の上田付近を領地としていた。武田家滅亡後は織田信長に臣従。信長が倒れたのちは、徳川家、北条家、上杉家のあいだをたくみに立ち回り、領国の維持に努めた。「関ヶ原の戦い」ののち、真田家の家名と領地は徳川家に仕えた信之が継承した。

1565年ごろの真田家勢力

1600年ごろの真田家勢力

## 真田家が参加したおもな合戦

🏯＝攻城戦　✕＝野戦

### 1575年 長篠の戦い

**武田軍 VS 織田・徳川連合軍**

武田軍として参加。真田幸隆は前年に病死しており、この戦いで長男・信綱、次男・昌輝が戦死したため、三男の昌幸が家督を継ぐことになった。

➡ **織田・徳川連合軍に大敗**

### 1582年 第一次上田合戦

**真田軍 VS 徳川軍**

約7000の徳川軍が上田城へ侵攻。昌幸は敵を城内に誘い込んでから反撃を開始。城下に火を放ち、砥石城の信幸に別方向から攻撃させ、大混乱におとしいれた。

➡ **徳川軍を翻弄**

### 1600年 第二次上田合戦

**真田軍 VS 徳川軍**

徳川秀忠率いる3万8000の軍勢を足止め。敵の策に引っかかったふりをして敵を城へ引き寄せ、強烈な反撃を浴びせて逃げるところを追撃し、大打撃を与えた。

➡ **徳川軍に大勝！**

**【家紋：六連銭】**
真田家の源流である海野一族や、さらにその大元の滋野一族のころから使われたという。

## 真田家の基礎を築いた知恵者
# 真田幸隆

さなだ ゆきたか　　生没年 1513年～1574年

- 戦闘
- 知力
- 家柄
- 野心

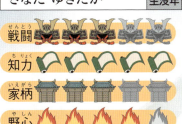

出身地：信濃国（長野県）

第2章　真田家
真田幸隆

**情報収集や計略に長けた真田家の祖**

信濃国の小県郡を拠点としていた豪族。武田信玄の父・信虎や村上義清らに攻められ、一度は領地を失った。のちに、幸隆は信虎が信玄に追放されたこと、新たに武田家の当主となった信玄が、身分を問わず能力のある者を採用していると知る。そこで、幸隆は信玄に仕えることを決意。本格的に信濃国への侵攻を開始した信玄に従い、情報収集や工作活動といった調略を駆使して活躍した。信濃の内情にも詳しい幸隆は信玄に重宝され、やがてかつての領地を取り戻し、「武田二十四将」に数えられるまでに出世した。

### 武将トリビア
**砥石城攻略などで功績をあげ信玄の信頼を得る**

信濃国の豪族で信玄に最も強く抵抗したのが村上義清。幸隆は義清の重要拠点である砥石城に調略を用い、内応者を得てあざやかに攻め落とし、信玄からの信頼を勝ち取った。

Illustration: 藤川純一

# 真田家を大いに飛躍させた名将
## 真田昌幸

さなだ まさゆき　生没年 1547年～1611年

- 戦闘
- 知力
- 家柄
- 野心

出身地：甲斐国（山梨県）

第2章　真田家　真田昌幸

真田幸隆の三男。幼いころから信玄に間近で仕え、成長したのちは優れた情報収集能力や状況判断力で頼りにされた。武田家滅亡後は、織田や北条、徳川、上杉と、時勢に応じて臣従先を変え、最終的に豊臣秀吉に臣従している。この間、昌幸は上田と沼田の領地を保持し続け、特に第一次上田合戦は徳川軍を見事に撃退したことで有名だ。徳川家康とはのちの関ヶ原の戦いでも対立したが、一方で昌幸は家康からの婚姻話を受け入れて、長男・信之を徳川傘下としており、これが真田家の存続に繋がることとなった。

## 徳川軍を二度も退けた無類の戦上手

### 武将トリビア
**徳川家康も警戒したという昌幸の優れた才能**

昌幸といえば、徳川軍を二度も撃退した上田合戦が有名。一度目は4倍、二度目にいたっては10倍以上の敵を撃退しており、家康も昌幸の才能を大いに警戒していたという。

Illustration: 藤川純一

# 真田家を存続させた忠義の士
# 真田信之

さなだ のぶゆき　生没年 1566年〜1658年

戦闘 ★★★★☆
知力 ★★★★☆
家柄 ★★★☆☆
野心 ★★★☆☆

出身地

甲斐国（山梨県）

## 第2章 真田家 真田信之

**徳川家の家臣として真田家を存続させた**

真田昌幸の長男。武田家滅亡後は、父・昌幸を支えて数々の戦いで活躍した。第一次上田合戦でも昌幸に従って戦いに参加しており、徳川軍の撃退にひと役かっている。その後、真田家は豊臣秀吉に臣従。秀吉の仲介で家康との和睦が成立したのち、家康の養女を妻に迎えて徳川家の家臣となった。この結果、信之はのちの関ヶ原の戦いや大坂の陣において、父や弟と敵対することになる。しかし、信之は情に流されることなく徳川の家臣としての務めを果たし、のちに信濃国松代藩主として真田家を存続させた。

### 武将トリビア
**家康に実力を認められ家中に迎えられた信之**

信之は、上田合戦での活躍を聞いた家康が、わざわざ婚姻で家中に迎えた人物。派手な逸話こそないが、評価は父や弟に劣らない。真田家の存続も信之あってこそだった。

Illustration: 藤川純一

# 武名を遺した戦国時代最後の闘将

## 真田幸村

さなだ ゆきむら

生没年 1567年～1615年

第2章 真田家

真田幸村

- 戦闘 ★★★★★
- 知力 ★★★☆☆
- 家柄 ★★★☆☆
- 野心 ★★☆☆☆

出身地：甲斐国（山梨県）

華々しい戦いぶりで後世に名を遺した勇将

真田昌幸の次男。幸村が8歳のころ、真田家が仕えていた武田家が滅亡。その後に仕えた織田信長もわずか数か月後に謀反で倒され、父・昌幸は主君を変えつつ領地の保持に力を注いだ。この間、幸村は上杉家や豊臣家に送られ、人質として暮らしていた。その後、幸村は関ヶ原の戦いの際に起きた第二次上田合戦にも参加したが、本当の意味で名をあげるのは後年の大坂の陣になる。豊臣方として参加したこの戦いで幸村は討ち死にしたが、その奮戦ぶりは諸将に賞賛され、後世に名を遺すことになった。

### 武将トリビア
**敵の諸将からも賞賛された大坂の陣での奮戦**

大坂の陣において、幸村は大坂城の出城・真田丸の攻防戦や徳川家康本陣への突撃で奮戦。その戦いぶりは徳川方の諸将からも賞賛され、「日本一のつわもの」と称された。

Illustration: 藤川純一

# 使命をまっとうして散った少年武将
## 真田大助
### さなだ だいすけ

| 生没年 | 1601年～1615年 | 出身地 | 紀伊国（和歌山県） |

真田幸村の嫡男。父・幸村が流罪となっていた紀伊国の九度山で生まれた。のちに、父とともに大坂の陣に参戦。大坂夏の陣では負傷しながらも功をあげている。父の命令で大坂城に戻り、豊臣秀頼の最期を見届けて殉死した。

- 戦闘
- 知力
- 家柄
- 野心

Illustration: 藤川純一

## 第2章 真田家

### 真田大助

## 異説：真田幸村は生きていた？

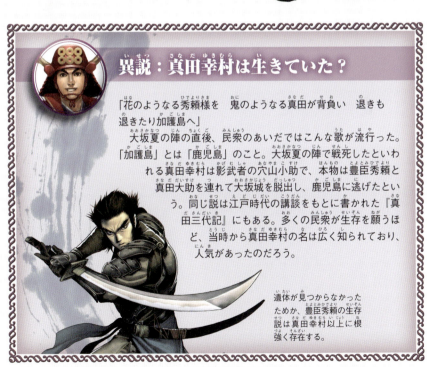

「花のようなる秀頼様を　鬼のようなる真田が背負い　退きも退きたり加護島へ」
　大坂夏の陣の直後、民衆のあいだではこんな歌が流行った。「加護島」とは「鹿児島」のこと。大坂夏の陣で戦死したといわれる真田幸村は影武者の穴山小助で、本物は豊臣秀頼と真田大助を連れて大坂城を脱出し、鹿児島に逃げたという。同じ説は江戸時代の講談をもとに書かれた『真田三代記』にもある。多くの民衆が生存を願うほど、当時から真田幸村の名は広く知られており、人気があったのだろう。

遺体が見つからなかったためか、豊臣秀頼の生存説は真田幸村以上に根強く存在する。

## 創作された幸村の家臣たち
# 真田十勇士 さなだじゅうゆうし

第2章 真田家 真田十勇士

「真田十勇士」とは、真田幸村に従った10人の家臣のこと。すべて創作だが、実在の人物をモデルにした者もいる。もとになったのは、真田昌幸から大助まで三代の興亡を描いた江戸時代の小説『真田三代記』。講談でも人気で、講談師たちが小説に登場する8人に加え、猿飛佐助と望月六郎を創作した。明治時代以降、講談を読み物にした立川文庫がこれらの人物を描いた作品を発刊。大正時代に『真田十勇士』が刊行された。

三好伊三入道
三好清海入道
筧十蔵
穴山小介
根津甚八
望月六郎
海野六郎
由利鎌之介
猿飛佐助
霧隠才蔵

## 甲賀忍法を使う十勇士の筆頭

# 猿飛佐助
さるとび さすけ

| 生没年 | 不詳 | 出身地 | 信濃国（長野県） |

真田十勇士の筆頭格で甲賀忍法の名人。姿を消す幻術を使う。甲賀忍法の達人・戸沢白雲斎に見出されて修行し、15歳のとき真田幸村に仕えた。実在したとされる甲賀の三雲佐助賢春や猿飛仁助など、モデルとされる人物が何人か存在する。

Illustration: 藤川純一

第2章　真田家
猿飛佐助／霧隠才蔵

## 伊賀忍法を使う佐助のライバル

# 霧隠才蔵
きりがくれ さいぞう

| 生没年 | 不詳 | 出身地 | 近江国（滋賀県） |

百地三太夫に学んだ伊賀忍法の使い手。滅亡した主家・浅井家再興の軍資金を得るため山賊となっていたところ、出会った佐助との忍法合戦に破れ、幸村に仕えることになった。『真田三代記』に名がある霧隠鹿右衛門がモデルだという。

Illustration: ナチコ

## 幸村に仕えた巨漢

### 三好清海入道

みよし せいかいにゅうどう

| 生没年 | 生年不詳～1615年 | 出身地 | 阿波国（徳島県） |
|---|---|---|---|

　18貫（67.5kg）の鉄棒を武器とする怪力自慢の巨漢。三好伊三入道の兄。三好家一族の破戒僧、または出羽国（山形県、秋田県）出身とされる。「三好三人衆」のひとりで、大坂夏の陣で戦死したとされる三好政康がモデルだという。

Illustration: 藤川純一

第2章　真田家

三好青海入道／三好伊三入道

## 大坂の陣で散った怪力坊主

### 三好伊三入道

みよし いさにゅうどう

| 生没年 | 生年不詳～1615年 | 出身地 | 阿波国（徳島県） |
|---|---|---|---|

　三好青海入道の弟で、兄と同じく怪力の持ち主。関ヶ原の戦いの際に起きた第二次上田合戦に参加。流罪となった幸村のお供をしたのち、大坂の陣に参戦して壮絶な最期を迎える。モデルは三好政康の弟・政勝といわれる。

Illustration: 藤川純一

110

## 影武者を務めた武田家の遺臣

# 穴山小介
あなやま こすけ

| 生没年 | 1568年？〜1615年？ | 出身地 | 不詳 |

幸村と同年で、姿が似ていることから影武者を務めた人物。武田家の家臣・穴山信君の一族で、武田家が滅亡したのちに幸村の配下となった。実在した穴山信光の長男といわれるが、この人物が実在したかどうかについても明確ではない。

Illustration: 藤川純一

第2章 真田家

穴山小介／由利鎌之介

## 幸村に降った武芸の達人

# 由利鎌之介
ゆり かまのすけ

| 生没年 | 1573年？〜1615年？ | 出身地 | 不詳 |

鎖鎌と槍の名人。当初は幸村と対立する立場だったが、戦場で穴山小介と一騎打ちをして敗れ、以後は幸村の家臣となった。実在した本人をモデルにしているという説と、まったくの架空の人物というふたつの説がある。

Illustration: ナチコ

第２章　真田家　筧十蔵／海野六郎

## 十勇士きっての射撃の名手
### 筧十蔵
かけい じゅうぞう

| 生没年 | 1573年？～1615年？ | 出身地 | 不詳 |

種子島銃の使い手。豊臣家の家臣・蜂須賀家に仕えていた真田家の家臣の子など、出身についてはさまざま。モデルは幸村の家臣・筧十兵衛ともいわれるが、この人物についても本当に実在したのかどうかは不明だ。

Illustration: ナチコ

## 幸村とは同族の頭脳派
### 海野六郎
うんの ろくろう

| 生没年 | 生年不詳～1615年？ | 出身地 | 信濃国（長野県） |

真田家と同じ海野氏の出身。父は真田昌幸のもとで侍大将を務めており、六郎も幼いころから幸村に仕えていた。十勇士のなかでは最古参で幸村の右腕。モデルは『真田三代記』の海野六郎兵衛利一や海野小平太などが候補に挙がっている。

Illustration: 藤川純一

## 幸村のもとに参じた海賊の首領

### 根津甚八
ねづ じんぱち

| 生没年 | 不詳 | 出身地 | 信濃国（長野県） |

　滋野氏根津一族の出身。海賊の首領だったが、九鬼水軍の情勢を探りに来た幸村と出会い家臣となった。由利鎌之助とは喧嘩仲間。モデルとなった人物については、真田家の家臣・根津貞盛や大坂の陣に参戦した浅井井頼とする説がある。

Illustration: 藤川純一

第2章 真田家 根津甚八／望月六郎

## 火薬の扱いに長けた爆弾忍者

### 望月六郎
もちづき ろくろう

| 生没年 | 1572年？〜1615年 | 出身地 | 信濃国（長野県） |

　真田家の先祖・海野氏と繋がりがある滋野氏の望月一族の出身。猿飛佐助と同じ甲賀忍法の使い手で、大筒や地雷などの火を使った術に長け、幸村の息子・大助に仕えた。モデルとなった人物やその最期については諸説がある。

Illustration: 藤川純一

# 戦国コラム 5

# 大坂の陣について

## 戦国最後の大合戦

第2章 戦国コラム ⑤ 大坂の陣について

### 戦いが始まるまで

関ヶ原の戦い後、徳川家が江戸幕府を開いたため、豊臣家は政治の中心から離れた。両家のあいだには表面的には平和が続いたが、豊臣家が方広寺を再建したときに、鐘に刻まれた文言を巡って江戸幕府が抗議を行う。これに反発した豊臣家が兵を集め、幕府が討伐軍をあげた。

#### 開戦の背景

江戸幕府は方広寺の鐘に「国家安康」とあり、「家康」の名を分断していると抗議。難癖に近いが、豊臣家の敵対心を煽り、討伐の理由を作りたかったのだろう。

大坂の陣が起こるまでの流れ

② 豊臣家が戦いの準備を始める

① 方広寺鐘銘事件が発生

徳川家康

③ 徳川家康が出陣

豊臣秀頼

# 大坂の陣 合戦図

【大坂冬の陣】

【大坂夏の陣】

## 大坂冬の陣 合戦の流れ

　豊臣家の勧誘に応じた大名はいなかったが、関ヶ原の戦いで改易されたり、仕官先がなかった牢人たちが大坂城に集結して幕府軍と戦った。なかでも真田幸村は真田丸という出城を守り、幕府軍を散々に苦戦させる。戦いは長引き、両軍ともに食糧や弾薬が不足したため、冬の陣は和睦で終わった。

## 大坂夏の陣 合戦の流れ

　家康は秀頼に大坂城の牢人を外へ出すか、秀頼が城を出ることを求めるが、拒否されたため再戦となる。和睦の取り決めで大坂城の堀が埋められていたため、豊臣軍は野戦で幕府軍に挑んだ。真田幸村をはじめ豊臣軍の決死の攻撃は幕府軍に大きな被害を与えたが、やがて力尽き豊臣家は滅亡した。

第2章 戦国コラム ⑤ 大坂の陣について

敗北　豊臣秀頼　徳川家康　勝利

真田幸村　後藤又兵衛　伊達政宗　藤堂高虎

豊臣方　徳川方

# 上杉家

## 戦国の世に生まれた新たな上杉家

### 上杉家の勢力図

上杉謙信が生まれた長尾家は上杉家家臣の筆頭だったが、謙信が上杉憲政に家督を譲られて上杉を名乗るようになった。謙信は室町幕府の権威や関東の調停者という立場を重んじたため、各地で戦いながらも領地はあまり増えていない。景勝の代に会津百二十万石へ転封となったが、関ヶ原の戦い後に米沢三十万石に減封された。

1557年ごろの上杉家勢力

1576年ごろの上杉家勢力

### 上杉家が参加したおもな合戦

🏯=攻城戦　⚔=野戦

**1561年　第四次川中島合戦**
上杉軍 VS 武田軍
信濃国北部を巡る武田信玄との戦い。5度にわたる川中島で行われた戦いのなかでも最大の激戦で、双方に数千の死傷者が出たものの痛み分けとなった。
➡ 引き分け

**1572年　尻垂坂の戦い**
上杉軍 VS 一向一揆
加賀国（石川県南部）、越中国（富山県）の一向一揆との戦い。悪化した戦況を挽回するため謙信自ら出陣。秋雨で鉄砲が使えなくなった一揆衆を蹴散らした。
➡ 上杉軍の圧勝

**1578年～1580年　御館の乱**
上杉景勝軍 VS 上杉景虎軍
上杉謙信が急死したことを受けて起きた上杉景勝と上杉景虎による内乱。謙信の側近の多くが味方した景勝が勝利したが、上杉家の軍事力が低下した。
➡ 景勝が勝つも戦力は低下

【家紋：竹に二羽飛び雀】
家督を譲られた山内上杉家の家紋。祖先である勧修寺家の家紋を簡略化したものだ。

## 戦国最強といわれる越後の軍神

# 上杉謙信

うえすぎ けんしん　｜生没年｜ 1530年〜1578年

- 戦闘
- 知力
- 家柄
- 野心

出身地：越後国（新潟県）

**自身が指揮した戦いは不敗　軍神と恐れられた戦の天才**

第2章　上杉家　上杉謙信

越後国の守護代を務めた長尾一族の出身。同族の他家を抑えて国内を統一した。のちに関東管領職を務める上杉憲政から家督と職を譲られて上杉を名乗る。義に厚く、すでに形骸化していた室町幕府の権威を重んじた人物として知られる。武田信玄や北条家と戦った信濃国（長野県）北部や関東への出兵は、いずれも付近の小豪族からの支援要請に応えたもので、領土拡大のためではなかった。このため、謙信は信玄ですら警戒するほど無類の戦上手だったにも関わらず、領土の拡大はごく最小限にとどまっている。

**武将トリビア**

**幼いころから兵法に通じ　毘沙門天の化身と謳われる**

謙信は幼いころから兵法をよく学んでおり、自ら指揮を執ることも多かった。とくに野戦には滅法強く、武神である毘沙門天の化身と謳われ、恐れられていた。

Illustration: 誉

## 「上杉四天王」に数えられる兵法家

# 宇佐美定満

うさみ さだみつ　　生没年 1489年〜1564年

- 戦闘
- 知力
- 家柄
- 野心

出身地: 越後国（新潟県）

**若き上杉謙信を支持し国内平定に貢献**

第2章　上杉家　宇佐美定満

「上杉四天王」のひとり。越後国（新潟県）の守護・上杉定実に仕えていた。越後では、守護代・長尾為景の台頭が著しく、復権を目指す定実に協力して為景と戦うも敗北。その後、定満は為景とその子である晴景に仕えた。しかし、晴景の気質もあって国内の統制が乱れ、弟の景虎（のちの上杉謙信）擁立の動きが起こる。内紛を防ぐため、定満は晴景と景虎のあいだに入って調停し、晴景は景虎に家督を譲って隠居。定満は景虎に仕え、これに反抗した長尾政景が挙兵した際、景虎に従って戦い、功をあげたという。

### 武将トリビア
**後顧の憂いを絶った？謎の溺死事件**

政景は一族でナンバー2の実力者。臣従を誓ったとはいえ謙信にとって気になる存在だった。定満はそんな政景を舟遊びに誘ってともに溺死。事件の真相はいまだ不明だ。

Illustration: すずき ちぇるな

# 一代で盛衰を味わった謙信の後継者
## 上杉景勝

うえすぎ かげかつ　　生没年 1555年～1623年

戦闘 ★★★★☆
知力 ★★★☆☆
家柄 ★★★★☆
野心 ★★★☆☆

出身地：越後国（新潟県）

第2章 上杉家

上杉景勝

領地替えにはなるも
後世に上杉の家名を残す

長尾政景の次男。政景の妻は上杉謙信の姉・仙桃院なので、謙信とは叔父・甥の関係にある。父・政景が宇佐美定満とともに事故死した際、上杉謙信に引き取られて養子となった。謙信には北条家から入った景虎という養子もいたが、後継者を定めぬまま急死。景勝は、北条家の後ろ盾を得ている景虎に対し、謙信が残した軍資金を餌に武田家と結んで対抗し、勃発した御館の乱を制して後継者となった。その後、景勝は乱れた越後国を再統一。豊臣秀吉のもとで勢力を伸ばすが、徳川家康と対立して米沢に移された。

### 武将トリビア
**寡黙で厳しいながらも家臣からは慕われていた**

家臣たちは、あまり感情を表に出さない景勝を敬いながらも畏れていた。しかし、従来の4分の1の石高しかない米沢に移る際、家臣のほとんどが景勝と行動をともにした。

Illustration: すずき ちぇるな

## 主君と盛衰をともにした股肱の臣
# 直江兼続

なおえ かねつぐ　　生没年 1560年～1619年

戦闘　知力　家柄　野心

出身地：越後国（新潟県）

第2章　上杉家　直江兼続

主君への忠誠を貫いた上杉景勝の懐刀

　上杉景勝を側近として支えた腹心。出自や景勝に仕える経緯については諸説あるが、20歳ころには信頼される側近という立場を築いていたようだ。兼続は、同じく景勝に重用された狩野秀治とともに上杉家を支えていたが、1584年に秀治が病没したのちは内政・外交をほぼ一手に引き受けていた。また、豊臣秀吉の小田原征伐や庄内地方の一揆制圧などでも活躍。文武においてその才能を示し、豊臣秀吉からも高く評価されて破格の待遇を条件に何度か勧誘されたが、兼続は「仕えるのは景勝のみ」と、断り続けたという。

### 武将トリビア
**権勢に屈せず道理を通しなお上杉家を存続させる**

関ヶ原の戦いの直前、兼続は徳川家康の上洛勧告を道理に合わぬと一蹴。家康を激怒させたが、のちに家の存続を勝ち取って、新領地の発展に力を尽くした。

Illustration: すずき ちぇるな

## 越後随一といわれた猛将

### 柿崎景家

かきざき かげいえ

| 生没年 | 生年不詳～1575年 | 出身地 | 越後国（新潟県） |

上杉家で一番といわれた猛将。戦ではつねに先陣を務め、武田家と戦った第四次川中島合戦では武田軍本隊を突き崩す働きを見せた。ただの猪武者ではなく、北条家との同盟交渉を穏便に進めるなど政治手腕ももち合わせていた。

Illustration: すずき ちぇるな

## 文武に優れた「越後の鍾馗」

### 斎藤朝信

さいとう とものぶ

| 生没年 | 生年不詳～没年不詳 | 出身地 | 越後国（新潟県） |

上杉家では古参の武将。上杉謙信のもとで政務奉行を務めるかたわら、軍の中核も担って数々の戦いで活躍。伝説上の鬼神「鍾馗」にたとえられた。謙信が亡くなったのちは景勝に仕え、武田家との同盟を成功させている。

Illustration: すずき ちぇるな

第2章 上杉家 柿崎景家／斎藤朝信

## 自立心が強かった勇将
# 本庄繁長
ほんじょう しげなが

| 生没年 | 1539年～1613年 | 出身地 | 越後国（新潟県） |

本庄繁長は気が強く勇猛な武将だ。武田軍や伊達軍との戦いで活躍したことで、上杉謙信からも一目置かれていた。自立心が強く、武田信玄の言葉に乗って独立を試みたこともあったが、その後は謙信や景勝によく仕えた。

- 戦闘：★★★★☆
- 知力：★★★★☆
- 家柄：★★★☆☆
- 野心：★★★★☆

Illustration: すずき ちぇるな

第2章 上杉家 本庄繁長／甘粕景持

## 川中島の戦いで勇名を馳せる
# 甘粕景持
あまかす かげもち

| 生没年 | 生年不詳～1604年 | 出身地 | 不詳 |

宇佐美定満や柿崎景家と並ぶ「上杉四天王」のひとり。第四次川中島の合戦では、形勢不利となった際に殿軍を務め、10倍の武田軍を相手に勇戦。その手並みから、武田軍は謙信が自ら殿軍を務めたと勘違いしたほどだったという。

- 戦闘：★★★★☆
- 知力：★★☆☆☆
- 家柄：★★★☆☆
- 野心：★★★☆☆

Illustration: すずき ちぇるな

## 知勇兼備の越後のブレイン

# 直江景綱

なおえ かげつな

| 生没年 | 1509年～1577年 | 出身地 | 越後国（新潟県） |

　直江兼続の養父として知られる人物。長尾家二代に仕えたのち、上杉謙信のもとで筆頭家老として政権の中枢を担った重鎮。内政や外交面で手腕を発揮しただけでなく、一軍を率いる侍大将として戦場でも活躍した。

Illustration: 裁斗涼

**第2章　上杉家**

**直江景綱／上杉景虎**

## 露と消えた北条家の御曹司

# 上杉景虎

うえすぎ かげとら

| 生没年 | 1509年～1579年 | 出身地 | 相模国（神奈川県） |

　北条氏康の七男。上杉家が北条家と同盟を結んだ際、人質として越後国（新潟県）に送られてきた。同盟が破棄されたのちも越後国に残り、謙信の養子となって厚遇された。謙信が急死したのち、上杉景勝との後継者争いに敗れて自害した。

Illustration: 裁斗涼

## 今川家

**足利将軍家に連なる名門**

今川家は足利将軍家の一門で、駿河国（静岡県中部、北東部）と遠江（静岡県西部）の守護を務めていた。駿河今川家九代・氏親のときに分国法を定めて戦国大名となる。十一代・義元のときには三河（愛知県東部）や尾張（愛知県西部）まで進出したが、桶狭間の戦いで義元が戦死。8年後に戦国大名としての今川家は滅亡した。

### 今川家の勢力図

1559年ごろの今川家勢力 → 1568年滅亡　1568年ごろの今川家勢力

【家紋：二つ引両】
足利将軍家の一門ということから足利家と同じ紋を使用。ほかに赤鳥という紋も使っていた。

### 今川家が参加したおもな合戦

■=攻城戦　✗=野戦

**1548年　小豆坂の戦い**
今川軍 VS 織田軍
→ 今川軍の勝利

三河国（愛知県東部）の岡崎城へ侵攻した織田信秀との戦い。松平広忠を支援するため太原雪斎を派遣。伏兵を用いて織田軍を破り敗走させた。

**1549年　第三次安城合戦**
今川軍 VS 織田軍
→ 今川軍の勝利

松平家当主・広忠が家臣に討たれたことを受けて、松平領に派兵。松平勢とともに、三河国における織田家の拠点となっていた安祥城を攻め落とした。

**1560年　桶狭間の戦い**
今川軍 VS 織田軍
→ 当主を討たれ今川軍敗北

尾張国（愛知県西部）の織田信長との戦い。反撃によって孤立した親今川勢力を救援するため、義元自ら軍を率いて出陣。信長の奇襲にあって義元が戦死した。

## 領国を大きく繁栄させた東海の雄

### 一 今川義元

いまがわ よしもと

| 生没年 | 1519年～1560年 | 出身地 | 駿河国（静岡県） |

足利家の一族に連なり、駿河国（静岡県中部、北東部）と遠江国（静岡県西部）の守護を務めた名門・今川家の当主。軍事改革をはじめ、領国経営に優れた手腕を発揮した。領国を大いに繁栄させ、「海道一の弓取り」と称された。

Illustration: 誉

## 第2章 今川家

今川義元／太原雪斎

## 今川義元を支えた今川家の重鎮

### 二 太原雪斎

たいげん せっさい

| 生没年 | 1496年～1555年 | 出身地 | 駿河国（静岡県） |

今川家の重臣の家系に生まれ、今川義元の養育を担当した。義元の兄が急死したのちの家督争い、花倉の乱で活躍。義元が当主となったのちも側近として仕え、武田家や北条家との「甲相駿三国同盟」を実現した翌年に亡くなった。

Illustration: 誉

125

# 斎藤家

## 乱世の象徴ともいえる美濃の一族

## 斎藤家の勢力図

斎藤道三は主君の土岐頼芸を追放して美濃国の主となったが、3年後には長男の義龍に家督を譲って隠居。2年後、義龍は兄弟と父・道三を討ち、内政に力を注いで混乱した国内の統制に務めている。その義龍も6年後に急死。跡を継いだ龍興は平凡な人物で、滅亡するまで斎藤家が勢力を拡大することはなかった。

1552年ごろの斎藤家勢力 → 1567年滅亡 / 1567年ごろの斎藤家勢力

## 斎藤家が参加したおもな合戦

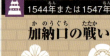  =攻城戦　=野戦

### 1544年または1547年　加納口の戦い
斎藤軍 VS 織田軍

織田信秀が、朝倉孝景や土岐頼芸と結んで美濃国へ侵攻。道三は、城下に攻め寄せた敵が一度引き上げようとしたところを攻撃。大打撃を与えて大勝した。

→ **斎藤軍が大勝！**

### 1563年　新加納の戦い
斎藤軍 VS 織田軍

1万5700の兵を率いて攻めてきた織田軍に対し、斎藤軍は3500の兵で迎撃。兵数では劣っていたが、伏兵を用いた竹中半兵衛の策略で撃退した。

→ **織田軍を撃退**

### 1567年　稲葉山城の戦い
斎藤軍 VS 織田軍

美濃三人衆から寝返りを約束され、織田信長が美濃国へ侵攻。城下を焼き払われ、さらに部下たちが次々と降伏したため、龍興は国外へ脱出した。

→ **城を捨てて逃亡**

【家紋：撫子】
斎藤道三が乗っ取った斎藤家の家紋。秋の七草のひとつである大和撫子を紋としたもの。

## 「下克上」を体現した美濃の梟雄

# 斎藤道三

さいとう どうさん　　生没年　生年不詳～1556年

戦闘　知力　家柄　野心

出身地　山城国（京都府）

第2章　斎藤家　斎藤道三

## 美濃国を乗っ取った戦国時代の策士

父子二代で戦国大名にまで成り上がった人物。道三は、父・新左衛門尉が築いた土台をもとに、美濃国（岐阜県南部）守護を務めていた主家・土岐家の内紛に乗じて台頭した。そして、守護代を務めていた斎藤家を乗っ取った道三は、ついに主君の土岐頼芸をも追放して美濃国を手中に収めた。2年後の1554年、道三は嫡男の義龍に家督を譲って隠居する。ところが、隠居後の道三は義龍よりもその弟たちを可愛がり、廃嫡されることを恐れた義龍が弟たちを殺害して挙兵。道三は長良川の戦いで義龍軍に敗れ戦死した。

### 武将トリビア　非道な国盗りの報いか？ 息子に討たれた道三の最期

道三は嫡男の義龍よりも次男や三男を可愛がるようになった。道三は非道な手段で国を手にした男。我が身危うしと感じた義龍は謀反を起こし、道三は息子に討たれてしまった。

Illustration: 佐藤仁彦

127

## 「頑固一徹」の語源になった良将

# 稲葉一鉄

いなば いってつ　　生没年　1515年～1588年

- 戦闘
- 知力
- 家柄
- 野心

出身地：美濃国（岐阜県）

**名だたる武将に仕え戦国時代を生き抜く**

第2章　斎藤家　稲葉一鉄

文武に優れた美濃国の武将。土岐家に仕えたのち、斎藤道三に仕え、氏家卜全や安藤守就とともに「美濃三人衆」のひとりとして斎藤家を支えた。道三が息子の義龍に討たれたのちは義龍に仕え、美濃へ侵攻してきた織田信長との戦いで活躍する。三代目・龍興にも仕えたが、のちに龍興を見限って信長に寝返った。以後は信長の武将として数々の戦いで武功をあげ、清水城の城主となった。本能寺の変で信長が倒れると、今度は豊臣秀吉に接近。ここでも数々の武功を立て、秀吉の治世に天寿をまっとうした。

### 武将トリビア
**一鉄の頑固な一面から「頑固一徹」の言葉が誕生**

姉川の合戦で活躍した一鉄は、信長に「長」の字を名乗るよう言われた。しかし、「徳川家康が第一の働き」と頑なに固辞し、この頑固さが「頑固一徹」の語源になったという。

Illustration: 丞悪朗

# 美濃国の重臣から悲運の武将へ
## 安藤守就

あんどう もりなり
生没年 1503年？〜1582年

戦闘 ★★★★☆
知力 ★★★★☆
家柄 ★★★★☆
野心 ★★★★☆

出身地：美濃国（岐阜県）

## かつての仲間に討たれた物悲しい最期

第2章 斎藤家 安藤守就 あんどうもりなり

稲葉一鉄や氏家卜全とともに、「美濃三人衆」として斎藤家を支えた武将。稲葉一鉄らと同じく斎藤龍興の代で織田信長に寝返り、その後は姉川の戦いや長島一向一揆との戦いに参戦した。ところが1580年に信長から「野心あり」と疑われ、一族とともに追放されてしまった。理由は定かでないが、一説には武田家と内通したためだともいわれている。2年後、本能寺の変で信長が明智光秀に討たれると、守就は息子たちとともに挙兵。旧領の回復を目指したが、かつての同僚である一鉄に討たれた。

### 武将トリビア
**主君・龍興を戒めるも斎藤家の衰退は止められず**

斎藤龍興に仕えていたころ、守就は龍興を戒めるため竹中半兵衛に協力し、稲葉山城の乗っ取りに参加した。しかし、斎藤家の衰退は止められず、守就も龍興を見限ることになる。

Illustration: 丞悪朗

## 斎藤家に仕えた「美濃三人衆」の一角
# 氏家卜全

うじいえ ぼくぜん　　生没年　生年不詳〜1571年

- 戦闘
- 知力
- 家柄
- 野心

出身地：美濃国（岐阜県）

**信長に誠実に仕えた美濃国出身の武将**

第2章　斎藤家　氏家卜全

　美濃国の武将で、稲葉一鉄や安藤守就とともに斎藤家を支えた「美濃三人衆」のひとり。土岐家や斎藤家に仕えたが、一鉄や守就とともに斎藤龍興を見限り、織田信長の配下となった。美濃国出身の卜全は、織田軍のなかでは新参者。しかし、信長は尾張衆に劣らぬ働きぶりをみせる彼ら美濃衆を差別せず、卜全は大垣城主を任されている。1571年、卜全は伊勢国（三重県）で蜂起した一向一揆の討伐に、柴田勝家の軍団として参加。緒戦で撤退するところを襲撃され負傷した勝家に代わって、殿軍を務め戦死した。

### 武将トリビア
**任務をまっとうし戦場で迎えた最期**

　卜全が一向一揆討伐に参加したとき、すでに60歳近かったという。卜全が危険な殿軍を引き受けたのは、信長の恩に報いるためだったのかもしれない。

Illustration: 海老原英明

## 身内を討って掴んだ当主の座

# 斎藤義龍

さいとう よしたつ　　生没年　1527年～1561年

戦闘　★★★★☆
知力　★★★★☆
家柄　★★★★☆
野心　★★★★☆

出身地：美濃国（岐阜県）

## 第2章 斎藤家　斎藤義龍

斎藤道三の長男。1554年に道三から家督を受け継ぎ、斎藤家の当主となった。道三は大男の義龍を愚鈍だと思い、弟たちを可愛がって義龍の廃嫡を考えていたともいわれる。真偽のほどは定かでないが、当主となった2年後に、義龍は弟たちを殺害。道三を攻め滅ぼした。その後、義龍は内政に力を入れ、戦乱で荒れた国内を立て直しつつ、織田信長の進出を食い止めていた。少なくとも義龍は愚かな人物などではなかったが、道三を倒した6年後に病で急死。斎藤家は嫡男・龍興に継承され、没落への道をたどることになる。

### 自身の出自に疑問を抱き父と兄弟を殺害

**武将トリビア　義龍を凶行に走らせた出生にまつわる噂**

義龍の母は土岐頼芸の側室で、道三に嫁ぐ前に身ごもっていたという噂があった。道三が冷たかったこともあり、義龍は自身が正当な美濃国当主だとして父と兄弟を討ち果たした。

Illustration: 三好載克

# 戦国コラム 6

# 外交について

## 戦乱を生き抜くための手段

第2章 戦国コラム ⑥ 外交について

### 戦国大名の交渉術

戦国時代とはいうものの、大名たちはいつも戦争ばかりしていたわけではない。戦争は勝っても負けても被害が出るもので、自国の力が消耗する。弱ったところを第三者に攻撃されるかもしれない。それがわかっていたため、大名たちは使者をやり取りして、他国と盛んに外交を行っていた。

外交の使者は、相手方を不快にさせずに要求を伝えなければならず、相手から出された条件についてその場で判断を求められることもあった。このため、外交の使者には教養と判断力が必要とされ、大名家によっては外交を専門に行う外交官を雇っている家もあった。多くの場合この役目を務めるのは僧侶（外交僧）だった。

**太原雪斎**
今川家に仕えた軍師・外交僧。今川家と武田家、北条家の三国同盟を成立させた。

**安国寺恵瓊**
毛利家の外交僧。豊臣秀吉との交渉窓口となり、能力を気に入られて秀吉から領地を与えられた。

## 外交の目的

**同盟**
戦争をしない約束をする不戦同盟や、協力してほかの大名家に立ち向かう軍事同盟などがあった。頻繁に結ばれたが、よく破棄された。

**和睦**
戦争をやめる提案。勝っている側も相手が全滅するまで戦うと損害が大きくなるため、自国に有利な条件で和睦することもあった。

**領土交渉**
他国の領土を譲り受けたり奪った領土を返還するといった目的の交渉。和睦の条件として、領土交渉が行われることが多かった。

# 戦国時代の有名な外交

## 【同盟】三国同盟

1554年に武田家、北条家、今川家の3国のあいだで結ばれた同盟。甲相駿三国同盟とも呼ばれる。この同盟により3家はそれぞれ背後が守られ、領土拡大に集中できた。

## 【同盟】清洲同盟

1562年に結ばれた織田家と徳川家の同盟。両家は援軍を出し合って敵国と戦った。当初は対等な関係だったが、のちに織田家が徳川家を従わせるような関係になる。

## 【同盟】織田・浅井・朝倉同盟

1568年に織田信長の妹・お市の方が浅井長政に嫁入りし、両家が同盟を結ぶ。すでに浅井家と朝倉家は同盟していたが、のちに織田家と朝倉家が敵対して関係がこじれた。

## 【同盟】甲越同盟

上杉家の家督争いで武田家が上杉景勝を支援したことがきっかけとなり、1579年に武田家と上杉家のあいだで成立。武田家にとっては織田家や北条家への対抗策となった。

## 【和睦】毛利・織田和睦

1582年、中国地方を攻略中だった豊臣秀吉は、本能寺の変で織田信長が死んだことを知り、交戦中だった毛利家と和睦。秀吉はたった1日で交渉をまとめ、京へと戻った。

## 【領土交渉】中国国分

1583年から数年にわたって行われた、豊臣秀吉による中国地方の領土分配。これによって毛利家は領土を減らされ、秀吉配下の武将たちが新たに領土を得ている。

第2章 戦国コラム ⑥ 外交について

義を貫いて滅亡した小領主

# 浅井家

## 浅井家の勢力図

浅井家は、長政の祖父・亮政のころに主君の京極家に代わって実権を握った。次の久政のころには近江南部の六角家に臣従を余儀なくされたが、反発した家臣たちが元服した長政を当主に立てて六角家と対決、独立を果たす。この間、浅井家は朝倉家と同盟しており、これを重視したために織田家とのちに対立、攻め滅ぼされた。

1570年ごろの浅井家勢力　→　1573年滅亡　1573年ごろの浅井家勢力

## 浅井家が参加したおもな合戦

⚔=攻城戦　✕=野戦

**1560年　野良田の戦い**
浅井軍 VS 六角軍

寝返らせた高野瀬秀隆の肥田城に六角軍が侵攻。救援に向かった長政は南方の野良田で六角軍と戦い、半数以下の兵力にも関わらず討ち破った。
→ 六角軍を撃破

**1570年　姉川の戦い**
浅井軍 VS 織田・徳川連合軍

近江に侵攻した織田・徳川連合軍と、浅井・朝倉連合軍との戦い。織田軍相手に浅井軍は善戦したが、徳川軍に側面を突かれた朝倉軍が崩れて敗走した。
→ 織田・徳川連合軍に惜敗

**1573年　小谷城の戦い**
浅井軍 VS 織田軍

阿閉貞征の寝返りをきっかけに織田軍が小谷城へ侵攻。救援に現れた朝倉義景は撃退され、逆に攻められて滅亡。小谷城を攻められた長政も自害した。
→ 織田軍に敗れて滅亡

【家紋：三つ盛亀甲】
縁起物である亀の甲羅を模した亀甲紋のなかに、菱形の花・花菱を配した紋。

## 旧恩を重んじた浅井家当主
# 浅井長政

あざい ながまさ　　生没年　1545年～1573年

- 戦闘
- 知力
- 家柄
- 野心

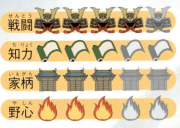

出身地：近江国（滋賀県）

第2章 浅井家　浅井長政

近江国北部の武将・浅井久政の嫡男。当時、浅井家は南近江の守護・六角家に臣従していたが、長政が15歳で元服すると家臣たちが弱腰な久政に反発して追放。長政を新たな当主に据えた。長政は野良田の戦いで六角軍を打ち破り、六角家から独立。のちに、織田信長からの提案で同盟を結んだ。ただ、浅井家と懇意にしている朝倉家と織田家は関係が悪く、家中でも同盟に反対する声もあった。1570年、信長が徳川家康とともに朝倉領内へ進軍すると、長政は信長と対立する道を選択。3年後に朝倉家ともども攻め滅ぼされた。

15歳という若さで軍を率い六角家からの独立を果たす

**武将トリビア**　朝倉家との関係を重視して信長との同盟を解消した

浅井家は同盟を結んだ朝倉家の支援を受けて六角家に対抗した。信長との同盟は朝倉家を攻めないことが条件だったともいわれ、朝倉家との関係を重要視していたことがわかる。

Illustration: 虹之彩乃

## 浅井家を代表する武闘派
# 磯野員昌

いその かずまさ　生没年：生年不詳～1590年

- 戦闘
- 知力
- 家柄
- 野心

出身地：近江国（滋賀県）

**三度主君を変えたのち農民として生涯を閉じる**

浅井長政の父・久政のころから浅井家に仕えた武将。磯野家はもともと浅井家と同じく京極家の家臣だったが、長政の祖父である亮政が台頭したころに浅井家の軍門に下った。武勇に優れていた員昌は、特に六角家との対決を決意した長政に重宝され、六角家との戦いで活躍。軍の先鋒を任されていた。浅井家が姉川の戦いで敗北すると、居城の佐和山城が孤立したため織田信長に降伏。以後は信長の配下となったが、のちに出奔、もしくは追放された。その後、本能寺の変が起きると、員昌は旧領に戻って帰農したという。

### 武将トリビア
**員昌の武勇を後世に伝える 姉川の十一段崩し**

織田・徳川連合軍と戦った姉川の戦いで、員昌は13段に構えた織田軍を11段まで突破したという逸話がある。真偽は不明だが、それほどまでに員昌の武勇は優れていたのだろう。

Illustration：佐藤仁彦

# 進退を誤って破滅した重臣
## 阿閉貞征

あつじ さだゆき　生没年 1528年～1582年

- 戦闘
- 知力
- 家柄
- 野心

出身地：近江国（滋賀県）

織田信長に寝返ったが明智光秀に味方して破滅

第2章　浅井家　阿閉貞征

浅井家の重臣。浅井家の本拠地から西に約5kmの地点にある山本山城を任されており、守りの要としても重要な人物だった。貞征は織田・徳川連合軍と戦った姉川の戦いでも奮戦したが、浅井家が戦いに敗れると織田信長に寝返った。この結果小谷城は孤立して、浅井家の滅亡が早まったといわれている。その後、貞征は織田信長の旗本として仕えたが、本能寺の変では明智光秀に加担した。ところが、光秀は山崎の戦いであっさりと豊臣秀吉に敗れ、貞征は捕らえられて一族もろとも処刑されてしまった。

### 武将トリビア
**豊臣秀吉との確執から判断を誤った？**

貞征は、近江北部を支配した秀吉と琵琶湖の竹生島をめぐる確執があったという。本能寺の変でも秀吉の城を攻めており、彼との不仲が判断を狂わせたのかもしれない。

Illustration：佐藤仁彦

# 朝倉家

**乱世で盛衰した越前国の名族**

## 朝倉家の勢力図

南北朝時代に興った名門の家柄で、八代・氏景のときに越前国（福井県東部）を掌握した。将軍家との結び付きもあって室町幕府内での発言力は強かったが、隣の加賀国を支配する一向衆の問題などもあり、領土拡大の動きは見られない。歴代の当主には文武に優れた人物も多かったが、十一代・義景のとき織田信長に滅ぼされた。

1548年ごろの朝倉家勢力 → 1573年滅亡

1573年ごろの朝倉家勢力

## 朝倉家が参加したおもな合戦

🏯=攻城戦　⚔=野戦

### 1506年 九頭竜川の戦い

朝倉軍 VS 一向衆

越前国に10万規模の一向宗徒が侵入。迎撃に当たった朝倉宗滴と、九頭竜川を挟んで対峙した。宗滴は夜中に川を渡って夜襲をかけ、撃退に成功する。

→ **一向宗徒を撃退**

### 1570年 姉川の戦い

朝倉軍 VS 織田・徳川連合軍

近江国（滋賀県）に侵攻した織田・徳川連合軍と浅井・朝倉連合軍との戦い。陣形が伸びたところを徳川軍に側面を突かれ、敗走することになった。

→ **織田・徳川連合軍に敗北**

### 1573年 一乗谷の戦い

朝倉軍 VS 織田軍

義景は織田信長に攻められた浅井家の小谷城を救援に向かうが、撤退するところを追撃されてほぼ壊滅。一乗谷城に戻るも、そのまま攻め滅ぼされた。

→ **朝倉家滅亡**

**【家紋：三つ盛木瓜】**
地上の鳥の巣を表した紋。先祖の朝倉高清が主君の源頼朝から賜ったものと伝えられている。

## 名門・朝倉家の最後の当主

# 朝倉義景

あさくら よしかげ　　生没年 1533年〜1573年

- 戦闘
- 知力
- 家柄
- 野心

出身地: 越前国（福井県東部）

**戦国乱世で滅ぼされた平和ボケした君主**

越前国・朝倉家の十一代当主。1548年に急死した父・孝景の跡を継いで16歳で当主になる。ところが、朝倉家を三代にわたって支えた一族の名将・朝倉宗滴が1555年に病死。家中には彼に代わる人材がいなかった。また、領内には京風文化が流入しており、京文化に凝っていたという義景は、武将というより公家のような性格だったのかもしれない。のちに嫡男と最愛の妻を失った悲しみで政務から離れ、側室の色に溺れたという。繁栄した家に生まれた義景は野心も希薄だったようで、こうしたあり方が滅亡に繋がったのだろう。

### 武将トリビア
**信長を討てなかったのは領国が平和すぎたため？**

義景は織田信長に滅ぼされたが、逆に信長を討つ機会も何度かあった。しかし、平和な領国で育ったこともあるのか、野心もない義景は消極的で、みすみす機会を逃してしまった。

第2章　朝倉家　朝倉義景

Illustration:NAKAGAWA

# 足利家

室町幕府を開いた将軍の一門

## 足利家の勢力図

足利将軍家は、鎌倉時代の有力武将・足利尊氏が鎌倉幕府を倒し、室町幕府を開いたことに始まる。しかし、四代将軍・義持のころから各地の守護大名が台頭。将軍家は八代から十代にかけて権力を失い、十五代・義昭が織田信長に都を追放されて実質的に滅亡。その後、義昭の孫たちはみな出家し、直系は断絶したという。

1572年ごろの足利家勢力 → 1573年領国追放
1573年ごろの足利家勢力

## 足利家が参加したおもな合戦

■=攻城戦 ✗=野戦

### 1467年〜1477年 応仁の乱

細川軍 vs 山名軍

畠山家で起きた家督争いから、対立していた有力大名の細川勝元、山名宗全の対決に発展。これに将軍家の後継者問題などが絡み、大きな争乱になった。

→ 実質的には勝者なし

### 1565年 永禄の変

足利軍 vs 三好軍

将軍と幕府の権威復権を目指していた十三代将軍・足利義輝が、松永久秀や三好三人衆の軍勢に襲撃され、暗殺された事件。義輝自ら刀を振るったという。

→ 将軍の暗殺で幕府が一時消滅

### 1573年 槙島城の戦い

足利軍 vs 織田軍

足利義昭が織田信長に反発して挙兵。幕臣・真木島昭光の槙島城に籠城したが、織田軍に包囲されて降伏し、この翌年に義昭は京都から追放された。

→ 足利軍が降伏

【家紋：二つ引両】
2本の線は龍を象ったとする説や、白地に線を引いた陣幕を元にした説などがある。

## 志なかばで倒れた剣豪将軍
# 二 足利義輝

あしかが よしてる　　生没年 1536年〜1565年

戦闘
知力
家柄
野心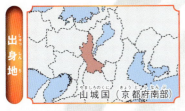

出身地　山城国（京都府南部）

第2章 足利家　足利義輝

**幕府の復興を目指すも攻め滅ぼされる**

室町幕府の十三代将軍。11歳で将軍職を継承した当時、足利将軍家はすでに幕府の実権を握ろうとする有力大名の傀儡だった。義輝は自身も強くあらねばと考えたのだろう。剣聖と呼ばれた塚原卜伝や上泉信綱に剣術を学んだという。義輝は諸大名とよしみを通じる一方、大名間の争いの調停も積極的に行い、次第に将軍の存在感を示していった。しかし、幕府を牛耳ろうとする松永久秀や三好三人衆が、義輝の暗殺を画策。彼らの軍勢に襲撃された義輝は、自ら刀を振るうも力及ばず、志なかばで討ち取られてしまった。

### 武将トリビア
**義輝の志の前に立ちはだかった幕府の組織上の根本的な欠陥**

義輝には独自の経済基盤と大規模な軍隊がなく、将軍の権威が崩れた当時、自力だけでは何もできなかった。義輝は有能だったが、組織の重大な欠陥に志を阻まれたといえる。

Illustration: 三好載克

## 無力だった室町幕府最後の将軍
# 足利義昭

あしかが よしあき　生没年 1537年〜1597年

戦闘
知力
家柄
野心

出身地　山城国（京都府南部）

第2章　足利家　足利義昭

室町幕府の十五代将軍。兄の義輝が十三代将軍となったため、義昭は慣例に従って仏門に入っていた。1565年、義昭は松永久秀らによって幽閉されたが、幕臣・細川藤孝らの助力で脱出。諸大名のもとを転々としたのち、朝倉家の家臣だった明智光秀の仲介で織田信長のもとに身を寄せた。義昭は信長の助力で上洛、十五代将軍に就任したが、天下統一を狙う信長と不仲になって決別。諸大名に呼びかけて反信長包囲網を結成したが、信長打倒には至らず、義昭は京都から追放されて実質的に室町幕府は滅亡した。

### 織田信長の協力を得るも幕府の復興はならず

**武将トリビア**
毛利家に身を寄せたのち豊臣政権下で京都に帰還

追放された義昭は毛利家に身を寄せ、豊臣秀吉が九州を平定したのち京都に帰還。将軍職を辞任し、秀吉から山城国の槙島を領地として与えられて余生を過ごした。

Illustration: 三好載克

## 武芸と教養の双方で超一流の武将

# 細川藤孝

ほそかわ ふじたか　生没年 1534年～1610年

戦闘
知力
家柄
野心

出身地
山城国（京都府南部）

第2章 足利家 細川藤孝

名門の出身で
文武にも優れた
スーパー武将

　足利将軍家に連なる細川家の出身。出家したのちに名乗った幽斎の号でよく知られる。剣術や弓術など武芸百般を修め、武人としては一流。一方で、和歌や茶道といった文芸にも通じ、古今伝授も受けた当代随一の文化人でもあった。足利義輝や足利義昭に仕え、義昭の将軍就任に貢献したが、義昭が織田信長と対立した際に信長の配下となる。以後、信長のもとで活躍した藤孝は明智光秀と懇意になるが、本能寺の変では光秀に協力せず、家督を息子に譲って出家。その後は豊臣秀吉や徳川家康に仕え77歳の天寿をまっとうした。

### 武将トリビア
「芸は身を助く」を体現した古今伝授の伝承者

　古今伝授とは、古今和歌集の解釈を師から弟子に伝えていくもの。関ヶ原の戦い直前、藤孝は石田三成に攻められたが、断絶を恐れた朝廷の仲介で難を逃れている。

Illustration: 三好載克

鉄砲を駆使した傭兵集団

# 雑賀衆

## 雑賀衆の勢力図

紀伊国（和歌山県、三重県南部）に住んでいた職人集団の共同体・雑賀衆の棟梁。鉄砲を製造しつつ射手を育て、諸大名の要請に応じて派遣していた。石山合戦では織田信長と対立した本願寺顕如に加勢。のちに攻められて信長に降る。本能寺の変後は反信長派だった土橋家が実権を握り、豊臣秀吉と争って敗北、解体された。

1580年ごろの雑賀家勢力 → 1585年滅亡 / 1585年ごろの雑賀家勢力

### 雑賀衆が参加したおもな合戦

 =攻城戦　=野戦

**1570年　第一次石山合戦**
雑賀衆 VS 織田軍

石山本願寺が挙兵した三好三人衆に呼応して織田信長の軍を攻撃。雑賀衆は織田軍のもとで三人衆と戦っていたが、参戦した本願寺勢のもとに走った。
→ 足利義昭の調停で停戦

**1577年　紀州征伐（織田信長）**
雑賀衆 VS 織田軍

石山本願寺を攻めあぐねた織田信長が、本願寺勢の主力と物資供給を担う雑賀衆攻略を狙った戦い。鉄砲を駆使して抵抗したが、領内の荒廃を防ぐため降伏。
→ 織田軍に降伏

**1585年　紀州征伐（豊臣秀吉）**
雑賀衆 VS 豊臣軍

当時は土橋家が主導していた雑賀衆や、根来寺、高野山などの独立性をもつ紀伊国の勢力を、豊臣秀吉が屈服させた戦い。この戦いで雑賀衆は解体された。
→ 雑賀衆の敗北

【家紋：三つ足烏】
鈴木家が神官を務めたという熊野神社で信仰されている、八咫烏を紋としたもの。

## 織田信長と争った雑賀衆の棟梁
# 雑賀孫市

さいか まごいち

**生没年** 生没年不詳

- 戦闘 ★★★★☆
- 知力 ★★★☆☆
- 家柄 ★★☆☆☆
- 野心 ★☆☆☆☆

**出身地**

紀伊国（和歌山県、三重県南部）

### 第2章 雑賀衆 雑賀孫市

**戦国時代が終わったのち水戸徳川家の家臣となる**

紀伊国雑賀郷周辺に住んでいた土豪。雑賀衆の棟梁の名だが、その正体ははっきりしていない。鈴木重秀や重朝ともいわれ、複数の人物が名乗った可能性もあるが、鈴木家の当主だったことは間違いないようだ。孫市は鉄砲の扱いに長けた雑賀衆を率い、石山合戦で本願寺に味方したことでよく知られるが、石山合戦が終結したのちは、親信長派になっている。しかし、本能寺の変が起きた際に雑賀衆は反信長派の土橋家に掌握され、孫市は逃亡して豊臣秀吉に仕えた。一方、雑賀衆は秀吉の紀州征伐で征服され、共同体も解体された。

#### 武将トリビア
**水戸徳川家の重臣となった孫市の子孫たち**

秀吉に仕えた孫市は鈴木重朝だが、それ以前の孫市と同一人物なのかは不明。重朝は最終的に水戸徳川家に仕え、子の重次が藩主の子を養子に迎えて藩の重臣になったという。

Illustration: 佐藤仁彦

# 筒井家

**僧兵から戦国大名となった一族**

## 筒井家の勢力図

筒井家の起源は明確でないが、大神神社の神官を務めた大神氏とする説が有力だ。筒井家は大和国で大勢力だった興福寺の僧兵から身をおこし、順興・順昭父子のころに台頭した。順昭が28歳で没すると松永久秀の侵略を受けるが、子の順慶が織田信長に臣従して大和守護となる。子孫は豊臣秀吉や徳川家康に仕えたが、定慶の代で絶家となった。

1581年ごろの筒井家勢力 → 1615年滅亡

1615年ごろの筒井家勢力

## 筒井家が参加したおもな合戦

🏯=攻城戦　❌=野戦

**1565年～1568年　筒井城の戦い**
筒井軍 VS 松永軍

三好三人衆と対立した松永久秀が、三人衆と結んだ筒井順慶の筒井城を奪取。順慶は城を取り返したが、織田信長の援軍を得た久秀に再度城を奪われた。

➡ 筒井軍の敗北

**1571年　辰市城の戦い**
筒井軍 VS 松永軍

松永久秀の多聞城を攻略するため、順慶が新たに辰市城を構築。久秀は三好義継の援軍を得て辰市城に攻め寄せたが、順慶は撃退に成功した。

➡ 筒井軍の勝利

**1577年　信貴山城の戦い**
織田軍 VS 松永軍

織田信長に謀反を起こした松永久秀を討伐した戦い。筒井順慶は、明智光秀や細川藤孝とともに出陣。寝返った旧臣の手引きで信貴山城を落城させた。

➡ 順慶の活躍で勝利

**【家紋：梅鉢】**
梅の花を図案化した紋。菅原道真を祀った天満宮など、天神信仰に関わりが深い。

## わずか2歳で家を継いだ苦労人

# 筒井順慶

つつい じゅんけい

| 生没年 | 1549年～1584年 | 出身地 | 大和国（奈良県） |

大和国の戦国大名。国内で勢力が強かった興福寺の僧侶でもあり、和歌や茶道に通じていた。わずか2歳で家督を継承。居城を奪った松永久秀とは数度にわたって戦った。織田信長に臣従したのち大和守護となり、宿敵・久秀を撃破している。

Illustration:
藤川純一

第2章 筒井家

筒井順慶／島左近

## 筒井家に仕えた謎多き名将

# 島左近

しま さこん

| 生没年 | 1540年～1600年 | 出身地 | 大和国（奈良県） |

前半生は不明な点が多いが、辰市城の戦いのころから筒井家に仕えていたようだ。左近は後年に仕えた石田三成の名将として有名。苦戦続きだった順慶がこの戦いで松永久秀の軍を撃退できたのは、左近の加入が大きかったのかもしれない。

Illustration: 佐藤仁彦

## 本願寺

戦国時代最大最強の寺社勢力

### 本願寺の勢力図

1483年に京都に山城本願寺を建立し、本拠地とした。しかし1532年、本願寺の勢力拡大を危険視する細川晴元や六角定頼らに山城本願寺は焼き討ちされる。その後、石山本願寺に本拠地を移した。石山本願寺時代には、西日本や北陸にも影響力を伸ばし、織田家と10年にわたって争うが敗退。以降、本願寺勢力は分裂、縮小した。

1574年ごろの本願寺 → 1580年滅亡（1580年ごろの本願寺）

### 本願寺が参加したおもな合戦

🏯=攻城戦　✕=野戦

**1532年 山科本願寺合戦**
本願寺軍 VS 法華一揆衆

本願寺を危険視した細川晴元、六角定頼、京都の法華一揆衆の連合軍との戦い。山城本願寺は包囲されたのち敗北し、建物ひとつ残さず焼き討ちにされた。

→ 法華一揆衆に敗北

**1570年 野田城・福島城の戦い**
本願寺軍 VS 織田軍

1570年に三好三人衆が挙兵し、摂津中嶋に野田城・福島城を築城。織田軍と大量の鉄砲を用いた攻城戦となるが、本願寺軍の援軍が参戦し、織田軍を撃退した。

→ 織田軍を撃退

**1576年 天王寺合戦**
本願寺軍 VS 織田軍

1576年、石山本願寺は挙兵。織田軍に三方から包囲されるが逆襲し、木津の織田軍を撃破して天王寺を包囲する。しかし信長の援軍に破れ、撤退した。

→ 善戦するも織田に敗北

【家紋：下がり藤】
本願寺は九条家と縁を結び、その関係から九条家の下がり藤が伝わった可能性が高い。

## 織田信長の最大のライバル
# 本願寺顕如

ほんがんじ けんにょ　生没年 1543年～1592年

戦闘
知力
家柄
野心

出身地：摂津国（大阪府）

**政治力と資金力に優れ
織田信長を10年苦しめた
戦国最強の一角**

### 第2章 本願寺

**本願寺顕如**

石山本願寺の十一世門主。門主となった顕如は、畿内や北陸など各地の一向一揆をまとめ一大勢力を築いた。1568年に上洛した織田信長は強大な石山本願寺を危険視。やがて両者の対立は激化し、10年以上の長きにわたる石山合戦が勃発する。

顕如は浅井・朝倉・武田・上杉らと盟約を結び反信長包囲網を結成する。しかし一向一揆は鎮圧され、反信長包囲網も各個撃破されて瓦解。1580年に和睦するが、顕如は石山本願寺を退去する。だが信長の死後、顕如は豊臣秀吉と和解、京都で本願寺の復興を成し遂げた。

#### 武将トリビア
**難攻不落の要塞　石山本願寺**

顕如が防備を強化した石山本願寺は、四方を川で囲まれ、高い城塞をもつ難攻不落の要塞だった。石山本願寺焼失後も、豊臣秀吉が跡地を利用し、大坂城を築いた。

Illustration：NAKAGAWA

# 三好家

## 下克上の世を体現した上方の雄

## 三好家の勢力図

　三好家は管領・細川家の被官として、京都や摂津方面を中心に畿内で勢力を伸ばした。そして三好長慶の時代に主家である細川家とも対立。細川晴元や足利義晴らを打ち破り、京の実質的な支配者となる。しかし1564年に長慶が死去すると、三好家は松永久秀や三好三人衆に実権を握られ没落。1573年に織田軍に攻められ滅亡した。

1553年ごろの三好勢力 → 1577年滅亡
1577年ごろの三好勢力

【家紋：三階菱】
三階菱は清和源氏武田氏流小笠原氏の代表紋。その下の釘抜は座金を紋章化したもの。

## 三好家が参加したおもな合戦

🏯＝攻城戦　✕＝野戦

### 1549年 江口の戦い
三好長慶軍 VS 三好政長軍

三好長慶は一族の三好政長と対立、江口城で戦う。長慶は敵の援軍である六角軍が到着する直前を狙い江口城を急襲。政長をはじめ多くの武将を討ち取る。

→ 政長軍を圧倒

### 1567年 東大寺大仏殿の戦い
三好軍 VS 三好三人衆軍

三好長慶の死後、松永久秀と三好三人衆のあいだで主導権争いが発生。三好三人衆が優勢だったが、三好義継を擁する久秀が、東大寺を奇襲し、勝利した。

→ 義継・久秀軍の逆転

### 1573年 若江城の戦い
三好軍 VS 織田軍

三好義継は義兄に当たる将軍・足利義昭に同調。織田家と対立した。1573年に織田軍に攻められ、義継は若江城に籠城するが、敗れて自害した。

→ 三好軍の滅亡

# 下克上の申し子・乱世の梟雄
# 三好長慶

みよし ながよし　　生没年 1522年～1564年

戦闘
知力
家柄
野心

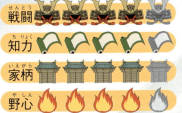
出身地　阿波国（徳島県）

第2章　三好家　三好長慶

## 下克上による天下取りを信長よりも先に目指した武将

　三好長慶は祖父・長秀を主家である細川家に殺される。また父の元長も細川晴元に政略で追い詰められ自害した。そういった状況で幼くして当主となった長慶は、領地は没収され、晴元に従うことになる。長慶は晴元の元で知勇兼備の武将として活躍。やがて旧領の回復を細川家に求め、細川家さらには将軍・足利家とも対立した。
　1549年、長慶は細川家の側近・三好政長を江口の戦いで討ち取り、さらには細川晴元、足利義輝を追放。見事下克上を果たし、京都、大阪一帯を支配。事実上の天下人となった。

### 武将トリビア
**戦国時代で有数の文化人で文武両道の武将だった**

長慶は猛々しいイメージだが、実際にはたびたび連歌会を開く文化人だった。教養人として有名な細川藤孝（幽斎）や松永貞徳も、長慶を評価し尊敬していたという。

Illustration: 誉

## 裏切りこそ戦国の華
# 松永久秀

まつなが ひさひで　　生没年　1510年～1577年

戦闘
知力
家柄
野心

出身地：山城国（京都府）

松永久秀は三好長慶に仕え、長慶と細川家との抗争や大和平定で功をあげた。長慶の信頼も厚かった久秀だが、長慶の死後は三好家の実権を握り、将軍・足利義輝を暗殺して傀儡を立てて幕政を操ろうとする。しかし三好三人衆との内紛が激化し、三好家の力は衰える。そして織田信長が侵攻した際、久秀は信長に降伏し、配下となった。

信長配下となった久秀だが、諸大名が反信長包囲網を敷くと、信長を裏切る。一度は許されたものの、1577年に再び反旗を翻し、最後は茶釜に火薬を詰め自爆死。破天荒な死に様を見せた。

**将軍暗殺、東大寺の焼き討ちなど天下の悪名を欲しいままに**

### 武将トリビア
**茶人としても一流　道連れにしたのは天下の名器**

悪名高い久秀だが、茶人としても一流で、天下の名物である平蜘蛛茶釜や九十九髪茄子を所持していた。なお久秀は平蜘蛛茶釜に火薬を詰めて自爆したとされている。

Illustration: 七片藍

# 傷をものともしない鬼十河
# 十河一存

そごう かずまさ　　生没年　1532年〜1561年

戦闘　
知力　
家柄　
野心　

出身地

阿波国（徳島県）

## 第2章 三好家 十河一存

三好元長の四男として生を受けるが、讃岐に勢力をもつ十河景滋の養子となった。これが三好家による四国支配の足がかりとなった。

武勇に優れた一存は、三好長慶とともに各地の戦闘で活躍。特に父親の仇でもある三好政長との江口の戦いでは、先陣を切って大軍を蹴散らした。

長慶の政権が確立したのちも一存は兄を軍事的に補佐。1550年の東山の戦い、1558年の北白川の戦いなどで奮戦した。しかし1561年に病を患い、30歳という若さで死去。三好家の天下に暗い影を落とした。

## 三好長慶を天下人に押し上げた不屈の勇将

### 武将トリビア
多少の負傷もなんのその
三好家の鬼十河の逸話

一存は合戦で左腕を負傷した際に、傷口に塩をすり込み消毒し、包帯代わりに藤の蔓を巻いただけで戦線に復帰。何事もなく戦い続けたと言われている。

Illustration: 鯵屋槌志

## 摂津を守護した忠臣

# 池田勝正

いけだ かつまさ

| 生没年 | 1539年～1578年 | 出身地 | 摂津国（大阪府） |

　三好家に仕え摂津を守った、摂津池田家の当主。織田信長が摂津に侵攻し、周囲の豪族がひれ伏すなか、最後まで抵抗した。最終的には屈服するが、信長は勝正を評価し、処刑せずに領地を加増。敵すらもその才能を認めた武将だった。

Illustration: ue ☆ no

第2章　三好家　池田勝正／三好長逸

## 三好三人衆筆頭

# 三好長逸

みよし ながやす

| 生没年 | 不詳 | 出身地 | 不詳 |

　三好家の名将・三好之長の孫。三好長慶に仕えて功績を残し、三好三人衆のひとりとして称えられた。上洛した織田信長に対して徹底抗戦を誓い、何度も織田軍と戦う。しかし1573年の摂津中嶋城での戦い以降、その消息は途絶えた。

Illustration:ue ☆ no

## 三好を守る義の将

# 三好政康

みよし まさやす

| 生没年 | 1528年～1615年 | 出身地 | 不詳 |

元々は細川家の家臣だが、長慶に仕えて畿内で活躍。三好三人衆として三好家を支えるが、織田軍の前に敗北。だが後に秀吉の家臣として表舞台に復帰した。最後まで主に従う義将で、大坂夏の陣でも老齢ながら豊臣家のために戦った。

Illustration: ue☆no

第2章 三好家

三好政康／岩成友通

## 三好家の出世頭

# 岩成友通

いわなり ともみち

| 生没年 | 生年不詳～1573年 | 出身地 | 不詳 |

出自は不明ながら三好家で頭角を現し、三好三人衆として三好長慶に仕えた。織田信長との争いで敗れ、一度は信長に降るものの、反信長包囲網が敷かれると信長と再び敵対。1573年の第二次淀古城の戦いで堀に落ちて水死した。

Illustration:ue☆no

# 戦国コラム 7

# 忍者について

## 人知れず活躍した闇の住人

### 忍者はどんな人たち？

戦国時代から江戸時代を舞台にした時代劇や物語には、たびたび忍者が登場する。戦国時代の忍者たちは、特定の大名に仕えたり、仕事があるときにだけ雇われたりと、さまざまな働き方をしていた。現代でも観光名所として忍者の里が存在する伊賀国は、戦国時代でも伊賀・甲賀の忍者衆が住む場所として有名だった。また、相模国の風魔衆や出羽国の羽黒衆など、全国各地にこうした忍者の集団が存在していたようだ。

忍者たちの仕事は、敵国に潜入しての諜報活動や破壊工作などで、現代のスパイのように活動した。また、合戦時には傭兵として活躍することもあった。

**服部半蔵**
徳川家康に仕えた伊賀忍軍たちの頭領。合戦では忍者衆を率いて戦ったという記録が残っている。

### 忍者のおもな仕事

| 諜報 | 破壊 | 戦働き |
|---|---|---|
| 敵国に入って、さまざまな情報を集める活動。農民など注目されにくい姿に変装して噂話を聞いたり、警戒されている場所に潜入して調査を行ったりした。 | 敵国の武器庫や食料庫のような重要度の高い場所を、放火などで破壊する活動。敵国を不安にさせる情報を噂話としてばらまく「流言」も破壊活動の一種。 | 一般の兵士のように武器を持って直接戦闘に参加するほか、城攻めでは城内に忍び込んで敵兵の配置を調べたり、城門を開けて味方を招き入れることもやった。 |

第2章 戦国コラム ⑦ 忍者について

# 忍者が使った武具・道具

忍者はさまざまな仕事をこなすために、忍具と呼ばれる道具を持ち歩いていた。忍具は携帯しやすいように小さく作られており、ひとつで複数の用途に使うことができるように工夫されていた。よく知られている手裏剣や撒菱のほかにもさまざまな忍具があり、その数は30種類以上にもなる。ここでは代表的なものを紹介する。

代表的な忍具である鎖鎌。こうした忍具は博物館や資料館で見ることができる。

## 代表的な忍者道具

### ● 手裏剣 ●
投げて使う刃物。十字の形をした十字手裏剣が有名だが、よく使われていたのは棒状の棒手裏剣である。

### ● くない ●
両刃の短い刃物。手に隠し持って敵を不意打ちする道具に使えたほか、壁に突き立てて足場にも使えた。

### ● 鎌 ●
農具としてありふれていたため、持っていても不審に思われなかった。鎖と分銅がついものは鎖鎌と呼ぶ。

### ● 忍刀 ●
武士が持つ刀より短く、持ち運びしやすい。刃は真っ直ぐでつばが大きく、足を乗せて踏み台にもできた。

### ● 撒菱 ●
鋭いトゲのある三角錐の道具で、逃げるときに地面にまいて追手を傷つけるために使われた。

### ● 忍装束 ●
夜間、姿を隠して活動するための服。茶色もしくは紺色。黒は闇夜では意外に目立つので使われなかった。

# 有名な忍者たち

服部半蔵や風魔小太郎は忍者の代表ともいえる著名な存在だが、戦国時代にはほかにも多くの忍者が活躍し、名前を残している。しかし、忍者はそもそも表立って実績を評価されたり誇ったりする存在ではないため、伝えられている活動実績も実体とは違っていることがある。信じられないようなエピソードを残している超人的な忍者もいるが、話に尾ひれがついている可能性もあるので注意してほしい。

| | |
|---|---|
| 伊賀崎道順 | 六角家に仕えた伊賀忍者。城を落とす名人だった。 |
| 出浦盛清 | 敵城への潜入を得意とした忍者で、真田家に仕えた。 |
| 唐沢玄蕃 | 尻高城を焼き討ちした火薬術の達人。真田家家臣。 |
| 加藤段蔵 | あまりに優秀すぎて主君に警戒された伝説の忍者。 |
| 服部保長 | 徳川家康に仕えた服部半蔵の父。家康の祖父の家臣。 |
| 藤林長門守 | 山本勘助に忍術を教えたといわれる伊賀忍者。 |
| 望月千代女 | 武田信玄に仕え、数百人のくノ一(女忍者)を育成。 |
| 百地丹波 | 天正伊賀の乱で織田軍と戦った、伊賀の実力者。 |

第2章 戦国コラム ⑦ 忍者について

# 毛利家

**名将が揃う西国一の最大勢力**

## 毛利家の勢力図

戦国時代に突入したころ、毛利家は大内家と尼子家に挟まれた小領の主だった。しかし毛利元就が当主となると、完全に大内家の傘下に入るとともに、吉川家と小早川家に養子を送り取り込んだ。勢力を拡大した毛利家は大内家が陶晴賢の謀反で混乱すると、晴賢を討伐して大内領を吸収。さらに尼子家を打ち破り中国地方を支配した。

1555年ごろの毛利勢力 → 1579年ごろの毛利勢力

## 毛利家が参加したおもな合戦

🏯=攻城戦 ⚔=野戦

### 1555年 厳島の戦い
毛利家 VS 陶家

謀反で大内家を掌握した陶晴賢と、毛利元就が対立。元就は厳島を占拠し、襲来してきた陶軍と戦う。戦いは村上水軍を味方につけた元就が勝利。

→ **毛利軍の大勝利**

### 1582年 備中高松城の戦い
毛利家 VS 織田家

信長の命を受けた秀吉が、備中の高松城を攻略。城主の清水宗治はよく守るも水攻めにより落城 寸前となる。しかし本能寺の変が発生し、和議を結んだ。

→ **織田軍と和議**

### 1600年 関ヶ原の戦い
毛利家 VS 徳川家

豊臣秀吉の死後、石田三成と徳川家康の派閥争いが激化し戦いとなる。毛利輝元は西軍の総大将となるが、戦場には出ることなく、東軍に敗北した。

→ **毛利軍の大敗**

【家紋：長門三つ星】
毛利家の祖である大江氏が創出した家紋。三武・将軍星と一番を表す一文字を引いている。

## 毛利家を西国一に導いた謀神

# 毛利元就

もうり もとなり　｜　生没年　1497年～1571年

- 戦闘：★★★★☆
- 知力：★★★★★
- 家柄：★★☆☆☆
- 野心：★★★★★

出身地：安芸国（広島県西部）

### 200を越える合戦でその勝率は7割以上 稀代の戦上手

第2章　毛利家　毛利元就

一介の国人領主の身から、智謀を尽くして西国一の大大名に成り上がった名将。

一度は大内家の傘下に入るが、尼子家との戦や、陶晴賢の謀反で大内家が揺らぐと、混乱に乗じて勢力拡大した。その後、晴賢を1555年の厳島の戦いで破り、大内家の領地を併合する。さらに敵対していた尼子家を謀略で内部崩壊させて打倒。中国地方を支配するに至った。

元就は戦では敵を取り込んだり、仲違いさせたり謀略を張り巡らせることを好んだ。その結果、戦国最高の知将、謀神などと呼ばれ称えられた。

#### 武将トリビア　筆まめで教育熱心 心配症の父親

毛利元就といえば、三本の矢のエピソードが有名だ。だが、これは元就が息子たちのために記した『三子教訓状』という文書が元ネタの、後世の創作である。

Illustration：藤川純一

## 毛利両川として称えられた天才

# 三 吉川元春

きっかわ もとはる  　生没年 1530年～1586年

- 戦闘
- 知力
- 家柄
- 野心

出身地: 安芸国（広島県西部）

第2章 毛利家 吉川元春

毛利元就の次男として生まれ、弟の小早川隆景とともに、「毛利両川」と呼ばれた名将。

元就の勢力拡大の策として、吉川家へ養子に送られた。吉川家を継いで掌握すると、元春は尼子家が支配する山陰地方を攻略。1569年の月山富田城の戦いでは、尼子義久を降伏させた。その後、尼子家の残党を処理し、織田家と戦う。不利な状況ながら秀吉相手に奮戦し、毛利家の強さを存分に示す。

元春は生涯で77回の合戦に出るが、そのうち64回で勝利。その勝率は8割以上、父・元就に匹敵する軍略家だった。

### 元就に勝てぬと言わしめた戦の天才

**武将トリビア**
父親に似て書きもの好き？
『太平記』の書写

『太平記』とは南北朝期の争乱を描いた軍記物語で、戦国時代の武将に広く読まれていた。元春も愛読していたようで、尼子家との対陣中に全40巻を書写した。

Illustration: 藤川純一

## 先を見通す智謀を受け継ぐ智将

# 小早川隆景

こばやかわ たかかげ　生没年　1533年〜1597年

戦闘
知力
家柄
野心

出身地　安芸国（広島県西部）

第2章　毛利家

小早川隆景

「毛利両川」として称えられた名将で、毛利元就の三男。兄の元春と同じように養子に出され、小早川家を継いだ。兄の元春が軍事面で毛利家に貢献したのに対し、隆景は内政や外交面で毛利家の発展に尽くした。

特に先見の明に優れており、備中高松城の戦いでは、秀吉と和議を結ぶことに尽力。このとき和議の本当の理由が信長の死であることを知りつつも、秀吉の天下を予見して秀吉についた。また、秀吉の四国征伐・九州征伐にも協力。毛利家を織田・豊臣の侵略から守っただけでなく、豊臣家の重臣である大老にも取り立てられた。

### 元就の築いた毛利家を守り 豊臣政権下での繁栄を築く 深謀遠慮の智将

**武将トリビア　秀吉の軍師・黒田官兵衛も隆景の才能を認めていた**

秀吉の軍師である黒田官兵衛も隆景を高く評価し、良い関係を築いていた。隆景が亡くなった際には、「これで日本に賢人がいなくなった」と悲しんだという。

Illustration：藤川純一

## 優柔不断で苦労知らずの将
# 毛利輝元

もうり てるもと　　生没年 1533年〜1625年

- 戦闘
- 知力
- 家柄
- 野心

出身地
安芸国（広島県西部）

第2章　毛利家　毛利輝元

優柔不断ではあれど
思慮深い
治世の能臣

　毛利輝元は毛利元就の孫で、早世した父の隆元の後を継ぎ、毛利家三代目当主となる。
　叔父でもある吉川元春、小早川隆景に補佐され、毛利家を繁栄させた。しかし叔父のふたりを失ってから、毛利家に暗雲が立ち込める。豊臣政権下で五大老となるが、石田三成と徳川家康が対立すると、西軍の総大将として担ぎあげられてしまう。しかも輝元は総大将でありながら、関ヶ原の戦いには参加せず、西軍総大将として積極的に動くことなく敗北。その日和見が、先祖伝来の安芸国を含む領地を失ってしまった。

### 武将トリビア
**太平の世であれば優秀な当主であった？**
輝元は凡将といわれているが、徳川政権下では所領の石高を増やしたり、家中の分裂を防いだりと、内政面で尽力。安定した世で実力を発揮するタイプだったといえる。

Illustration: 藤川純一

## 先見の明あるエリート外交官

# ◆ 安国寺恵瓊

あんこくじ えけい

| 生没年 | 生年不詳〜1600年 | 出身地 | 安芸国（広島県西部） |

恵瓊はその知能と弁舌を買われ、毛利元就に取り立てられた。外交能力に秀でており、備中高松城を攻めていた秀吉との和議をまとめ、毛利家と豊臣家を繋いだ。また四国征伐でも活躍し、秀吉の信頼を得て大名となった。

戦闘
知力
家柄
野心

Illustration: 藤川純一

第2章 毛利家

安国寺恵瓊／清水宗治

## 忠義に厚い武士の鑑

# ◆ 清水宗治

しみず むねはる

| 生没年 | 1537年〜1582年 | 出身地 | 備中国（岡山県西部） |

毛利家の小早川隆景の元で戦功を立てた猛将。備中の高松城を任され、豊臣秀吉が力攻めをしてきた際には、逆に数百名を討ち取る戦果をあげた。秀吉と毛利家の和議の条件として切腹するが、その見事な散り様は秀吉をも感嘆させた。

戦闘
知力
家柄
野心

Illustration: 藤川純一

# 尼子家

山陰の下克上　一代で大勢力を築いた

## 尼子家の勢力図

出雲守護京極氏の守護代として出雲に入り、国内の諸豪族を制圧して出雲尼子家の基礎を固める。尼子経久が跡を継ぐと、さらに勢力拡大。安芸や石見まで支配するが、大内家や毛利家とぶつかる。その結果、毛利家に敗北して尼子家は滅亡。家臣の山中鹿介が、織田家の力を借りて尼子家復興を狙うが果たせず死去した。

1525年ごろの尼子勢力 → 1566年滅亡　1566年ごろの尼子勢力

## 尼子家が参加したおもな合戦

🏯=攻城戦　✕=野戦

### 1523年　鏡山城の戦い
尼子軍 VS 大内軍

尼子家は安芸国人と組んで鏡山城を攻める。戦線は膠着状態に陥るが、当時は尼子傘下だった毛利元就が敵を寝返らせ城内に突入し、勝利した。
→ 徳川軍を翻弄

### 1541年　吉田郡山城の戦い
尼子軍 VS 毛利軍

離反した毛利家を討つために出陣。吉田郡山城での戦闘は序盤から劣勢になり、大内家の援軍が到着して敗北する。これを機に尼子家は没落していく。
→ 尼子家の敗北

### 1565年　第二次月山富田城の戦い
尼子軍 VS 毛利軍

石見銀山を巡る戦いで敗北。毛利家はさらに出雲に侵攻してきた。尼子家は月山富田城に籠城して抵抗するが、兵糧攻めのうえ調略による内部崩壊で落城。
→ 毛利が尼子を滅ぼす

【家紋：平四つ目】
染文様の目結を図案化した紋。尼子家は佐々木氏の一族のため佐々木氏の紋をそのまま使用。

## 山陰を支配した謀略の天才

# 尼子経久
あまご つねひさ

生没年：1458年～1541年　出身地：出雲国（島根県東部）

居城を追われるという苦境を乗り越え、出雲で戦国大名の地位を確立した名将。しかし嫡男の戦死、三男の謀反、孫の不出来など跡継ぎにことごとく恵まれず、その支配を後世に引き継ぐことができなかった。

- 戦闘
- 知力
- 家柄
- 野心

Illustration: 海老原英明

第2章　尼子家

尼子経久／山中鹿介

## 主家再興に執念を燃やした忠臣

# 山中鹿介
やまなか しかのすけ

生没年：1545年～1578年　出身地：出雲国（島根県東部）

尼子家に仕えていた忠臣。毛利家に圧迫され衰退していた尼子家を、鹿介は孤軍奮闘して守る。尼子家が滅亡すると今度は主家再興を目論む。毛利家の捕虜になりながらも脱走し、織田家に仕えて最期まで毛利家と戦い続けた。

- 戦闘
- 知力
- 家柄
- 野心

Illustration: 鯵屋槌志

# 宇喜多家

**謀略と裏切りでのし上がる**

## 宇喜多家の勢力図

浦上家に仕えていた宇喜多直家は、祖父の仇である島村盛実の謀殺や三村家親の暗殺で家中での地位を向上させた。やがて浦上家と対立した直家は、毛利家に寝返り浦上家を打倒し、その後は織田家に寝返り勢力を拡大。豊臣政権下では五十七万石の大名となるが、関ヶ原の戦いで西軍につき敗北。最終的に八丈島へ流罪となった。

1585年ころの宇喜多勢力 → 1600年ごろの宇喜多勢力

**1600年滅亡**

## 宇喜多家が参加したおもな合戦

🏯=攻城戦　✕=野戦

### 🏯 1574年〜1575年 天神山城の戦い
宇喜多軍 VS 浦上家

浦上家と1年以上に渡り戦う。直家は外交と謀略を駆使。最終的に毛利家を味方につけた宇喜多家が勝利し、備前、美作東部、播磨西部を支配した。

→ **宇喜多家の勝利**

### ✕ 1593年 碧蹄館の戦い
日本軍 VS 明軍

明の軍勢による平壌陥落で混乱した日本勢だが、漢城で攻め寄せる明軍を三方から包囲して撃破。死傷者6000以上と明軍に大きな損害を与えた。

→ **日本軍が明軍を撃退**

### ✕ 1600年 関ヶ原の戦い
西軍 VS 東軍

宇喜多秀家は西軍の主力として参加。東軍の福島正則隊と激しい戦いを繰り広げる。しかし小早川秀秋の裏切りで西軍が崩れ、宇喜多隊は壊滅した。

→ **東軍の勝利**

**【家紋：剣酢漿草】**
宇喜多家は児島氏の子孫であることを示す「児文字紋」が有名だが、本来は剣酢漿草であった。

## 裏切り・謀略を駆使して大名に

# 宇喜多直家

うきた なおいえ

| 生没年 | 1529年～1581年 | 出身地 | 備前国（岡山県） |

三大謀将と呼ばれるほど謀殺に長けた武将。政敵や祖父の仇を暗殺や謀殺してのし上がる。やがて主家の浦上家をも裏切り、備前、備中を治める大名となる。身内すら会うときは死を覚悟したというほど、恐れられていた梟雄。

戦闘

知力

家柄

野心

Illustration: 樋口一尉

## 豊臣政権の重鎮から没落

# 宇喜多秀家

うきた ひでいえ

| 生没年 | 1572年～1655年 | 出身地 | 備前国（岡山県） |

父である宇喜多直家の死後、家督を継いだ秀家は豊臣秀吉の配下になる。秀吉の寵愛を受け、「秀」の字を与えられ、五大老に名を連ねた。だが関ヶ原の戦いで西軍についた秀家は、戦後八丈島に流され、権力の中枢から没落した。

戦闘

知力

家柄

野心

Illustration: 樋口一尉

第2章 宇喜多家

宇喜多直家／宇喜多秀家

> 西国に京に匹敵する国を築いた

# 大内家

## 大内家の勢力図

鎌倉時代から続く名門で、大内義隆が当主となったころには7か国の守護職を得て、西国に一代勢力を築いていた。大内家は大陸との貿易を行い経済的に豊かなうえ、義隆が学問や芸術を奨励したため、長門は「西の京」と呼ばれるほど繁栄。しかし尼子氏との戦いと陶晴賢の謀反により大内家は衰退し、毛利家に飲み込まれた。

1522年ごろの大内勢力 → 1557年ごろの大内勢力

1557年滅亡

## 大内家が参加したおもな合戦

🏯=攻城戦　✕=野戦

**1541年　吉田郡山城の戦い**
大内軍 VS 尼子軍

尼子家を離反した毛利家を大内家は味方し、尼子家と戦闘。元就が尼子家の侵攻をしのいでいるうちに、大内家の援軍が到着し、尼子家を撤退させた。

→ **大内家の勝利**

**1541年　第一次月山富田城の戦い**
大内軍 VS 尼子軍

吉田郡山城の戦いで勝利した大内家は、出雲に進出。しかし尼子家のゲリラ戦術に苦戦し、国人衆の寝返りにより敗北。跡継ぎの大内晴持が死去した。

→ **大内家の敗北**

**1557年　厳島の戦い**
大内軍 VS 毛利軍

謀反により陶晴賢が大内家を乗っ取るが、多くの家臣が謀反。毛利家も反旗を翻した。厳島を占拠した毛利軍を攻めるが、毛利家の奇襲を受けて壊滅した。

→ **大内家の敗北**

**【家紋：大内菱】**
山口菱とも呼ばれる。菱紋のひとつで、唐花がデザインのもとになっている。

## 西に大国を築いた文人大名

# 大内義隆

おおうち よしたか

| 生没年 | 1507年～1551年 | 出身地 | 長門国（山口県南西部） |

長門を「西の京」と呼ばれるほどに発展させた名将。経済力を背景に勢力を拡大するが、尼子家との戦争で跡継ぎの晴持が死亡。以降、義隆は政治から背を向け、詩歌など趣味に没頭して家臣の離反を招く。心の弱き名将だったといえる。

Illustration: みきさと

## 大内家の滅亡を招いた武将

# 陶晴賢

すえ はるかた

| 生没年 | 1521年～1555年 | 出身地 | 長門国（山口県南西部） |

大内家に仕えていた武将。尼子家の出雲に攻め込んで敗退。家中での立場が悪くなると、謀反を起こし大内家を牛耳る。しかし、厳島の戦いで破れて自害。大内家の滅亡を招いた。勇猛な武将ではあるが、大名の器ではなかったといえる。

Illustration: みきさと

第2章 大内家 — 大内義隆／陶晴賢

# 戦国コラム ⑧ 宗教について

## 人々の心の支え

### 戦国時代の宗教

戦国時代は、戦乱に巻き込まれて財産や住む場所を失ったり、飢饉や流行病など庶民の力ではどうしようもない現象に苦しめられるなど、何かと厳しい時代だった。多くの人々が「今の世界では幸福になるのは難しい」と考え、そこから救ってくれる存在を求めたり、同じ苦しみを味わう者同士で結束して強く生きるといった目的で、宗教にすがることが多かったようだ。

戦国時代の日本では仏教の信者がほとんどだったが、ポルトガルなどヨーロッパ諸国との交流が進むなかでキリスト教も伝来し、国内に信者を増やしていた。

### 日本古来の宗教＝仏教

仏教が日本に伝えられたのは、飛鳥時代といわれる。天皇をはじめとする権力者が仏教の信仰を奨励したほか、自らが出家するといった影響によって仏教はたちまち全国に広がり、主要な宗教となる。

仏教には教義が異なる多くの宗派が存在する。戦国時代には日蓮宗や浄土真宗など、荒んだ世の中からの救済を掲げた宗派が信者を増やした。一向一揆で知られる一向宗も浄土真宗の一派で、その総本山が本願寺教団である。

**本願寺顕如**
本願寺教団の第十一世門主。顕如の時代に本願寺勢力は最盛期を迎え、戦国時代最大の影響力を誇った。

## 外国から伝来した宗教＝キリスト教

日本にキリスト教を伝えたのは1549年に日本を訪れたカトリックの司祭、フランシスコ・ザビエルである。キリスト教は九州で広まり、四国や近畿地方へ伝えられていった。織田信長はキリスト教を寛大に受け入れ、豊臣秀吉もこの方針を引き継ぐ。大名のなかにもキリシタン大名が誕生した。

ザビエルが伝えたキリスト教は仏教に代わる教えとしてもてはやされ、西日本から広まった。

## 宗教勢力と大名の対立

宗教は戦国時代に生きる人々の心のよりどころであった。だが、次第に宗教に傾倒した人々が団結して一向一揆のような反乱を起こしたり、その本山が武装して大名に匹敵するような戦力をもつようになり、大名との対立が発生する。すべての人々の平等を教えとするキリスト教も、支配者たちにとっては厄介な存在となった。こうして対立を深めた宗教勢力と大名のあいだで争いが始まった。

### 仏教勢力との争い

比叡山や石山本願寺などの宗教本山は外界の法が適用されない治外法権となっていた。このため犯罪者であっても、本山に逃げ込まれると捕らえることができなかった。こうした本山は独自の戦力をもっており、大名からの要求に従わないことも多かった。これが火種となり、織田信長による比叡山の焼き討ちや長島一向一揆の鎮圧、石山本願寺との死闘など、大名と宗教勢力が激化したのである。

**織田信長**
仏教勢力と熾烈な争いを続けた。信長以外の戦国武将も、宗教勢力との対立には頭を悩ませていたようだ。

### キリスト教勢力との争い

伝来当初は好意的に受け入れられたキリスト教だが、キリシタン大名が他宗教を攻撃したり、ポルトガル人が日本人を奴隷として売る事件が起こり、豊臣秀吉は1587年にバテレン（宣教師）追放令を出す。徳川家康も1612年に禁教令を出し、国内での信仰は禁止された。反発したキリスト教徒たちは1637年に島原の乱を起こすが幕府軍に鎮圧され、生き残った信者たちは隠れキリシタンとなった。

**豊臣秀吉**
当初はキリスト教に寛容だったが、トラブルが多発したため禁教を決意。多くのキリシタン大名も改宗を迫られた。

第2章　戦国コラム　⑧　宗教について

## 長宗我部家

**その精強さを天下人に知らしめた**

### 長宗我部家の勢力図

長宗我部国親の時代は土佐一国も支配できていなかったが、家督を継いだ元親が土佐を統一した。その後、元親は四国を統一するものの、三好家や河野家など本州に繋がりをもつ諸勢力の駆逐に手間取った。そのため四国統一を果たしたころには豊臣秀吉の天下が目前。長宗我部家は秀吉に降伏し、その勢力は土佐一国になる。

1569年ごろの長宗我部勢力

1585年ごろの長宗我部勢力

### 長宗我部家が参加したおもな合戦

🏯=攻城戦 ⚔=野戦

**1575年 四万十川の戦い**

 VS
長宗我部軍　　一条軍

一条家は内紛により当主が追放され、長宗我部家が台頭。しかし旧領回復を目指す一条兼定が挙兵する。元親は四万十川で迎え撃ってこれを撃破。

→ **長宗我部軍が土佐を統一**

**1587年 戸次川の戦い**

 VS
豊臣軍　　島津軍

秀吉の九州征伐に長宗我部家も参戦。戸次川で島津軍と戦うが、島津の「釣り野伏せ」により、味方が崩れ敗北。元親は嫡男の信親を失った。

→ **豊臣軍の総崩れ**

**1615年 大坂夏の陣**

 VS
豊臣軍　　徳川軍

改易されて浪人となっていた長宗我部盛親は、御家再興を条件に豊臣秀頼に味方する。盛親は八尾・若江の戦いでは奮戦するも敗戦。家康に処刑された。

→ **豊臣軍の敗北**

【家紋：七つ酢漿草】
丸に七つ酢漿草という珍しい家紋。酢漿草には子孫繁栄といった意味がある。

## 軟弱な姫若子から猛将へ
# 長宗我部元親

| ちょうそかべ もとちか | 生没年 | 1539年～1599年 |

- 戦闘
- 知力
- 家柄
- 野心

出身地：土佐国（高知県）

第２章 長宗我部家 長宗我部元親

土佐の国人から
戦国大名にのし上がった
四国の英雄

　土佐一国から一代で四国統一を成し遂げた猛将。幼いころは軟弱で「姫若子」と呼ばれていた。初陣も22歳と遅かったが、初陣するや、その才能が開花。家臣の教えに従い、見事な戦いぶりを見せて活躍し、家臣からは「鬼和子」と称えられた。
　初陣から間もなく家督を継いだ元親は、8年かけて四国を統一するが、豊臣秀吉に降伏。土佐一国のみが所領となった。
　豊臣政権下で九州征伐に参加するが、島津家との戦いで嫡男の信親を失う。身内や家臣に優しい仁君だけに大きな衝撃を受け、以降、覇気を失った。

### 武将トリビア
**四国統一の原動力 精強な一領具足**

　一領具足とは平時には田畑を耕し、動員がかかると、一領（ひと揃い）の具足を携え戦う、半農半兵の兵士。元親はこの精強な一領具足を率いて四国統一を果たした。

Illustration: 樋口一尉

## 長宗我部の四国統一を支えた勇将

# 香宗我部親泰

こうそかべ ちかやす　　生没年 1543年〜1593年

- 戦闘
- 知力
- 家柄
- 野心

出身地：土佐国（高知県）

### 香宗我部親泰

　長宗我部国親の三男で元親の弟。土佐の名門・香宗我部家の養子となり、その家督を継いだ。四国統一を目指す兄に従い、各地で奮戦。三好家率いる精鋭部隊を撃破するなど功をあげる。
　武勇に優れた親泰だが、交渉や外交にも才能を発揮。織田軍と交渉し同盟を結んだ。また信長の死後、柴田勝家、徳川家康、織田信雄などと交渉して、反豊臣秀吉体制の構築に尽力する。結果として秀吉に敗れるが、外交能力の高さを見せた。しかし1593年、大陸に渡る途中で急死。これが長宗我部家の大きな痛手となったのだった。

## 長宗我部元親がもっとも信頼し頼った知勇兼備の名将

### 武将トリビア
**主家の長宗我部は途絶えるも香宗我部家は名を残した**

長宗我部家は大坂の陣で豊臣方につき敗退。直系一族は斬首され途絶えた。だが、香宗我部家は一時野に下るも佐倉藩や仙台藩に士官し、一族の名を残した。

Illustration: 米谷尚展

### 御家再興を狙う悲運の将
# 長宗我部盛親

ちょうそかべ もりちか　生没年 1575年～1615年

- 戦闘
- 知力
- 家柄
- 野心

出身地：土佐国（高知県）

**第2章　長宗我部家**

## 長宗我部盛親

### 御家再興のため戦い続けた執念の持ち主

長宗我部元親の四男で、元親に指名され家督を継いだ。長身で勇ましい顔立ちの武将。

長宗我部家の後継者となった盛親は、父とともに小田原攻めや朝鮮出兵に参戦し、業績を積んでいった。しかし家督を継いだのちに関ヶ原の戦いが勃発。盛親は東軍に味方しようとしていたが、西軍に進路を阻まれ、やむなく西軍として参戦した。結果、西軍は破れ長宗我部家は領地を没収、改易される。

浪人となった盛親だが、大坂の陣では御家再興をかけて豊臣家に味方。しかし豊臣家が敗戦し、盛親も家康に斬首された。

#### 武将トリビア　生き汚さと潔さを兼ね備えた男

盛親は大坂の陣で敗北したあと、出家を条件に命乞いをして、恥を捨て生き残ろうとする。だが、斬首が決定すると怯えることなく堂々とした態度で最期を迎えた。

Illustration: 海老原英明

# 主家を滅亡から救った忠臣

## 谷忠澄

たに ただすみ　　生没年 1534年〜1600年

戦闘
知力
家柄
野心

出身地
土佐国（高知県）

**第2章　長宗我部家　谷忠澄**

> 長宗我部家のためなら命を賭すことをいとわない忠臣

　土佐神社の神官だったが、長宗我部元親に見出されて家臣となり、おもに外交面で活躍した。長宗我部家のために命を投げ出す覚悟のある忠義の士でもある。

　豊臣秀吉が四国討伐に乗り出したとき、忠澄は勝ち目がないと悟り、降伏を進言。だが元親は認めず、忠澄に切腹を命じる。忠澄はそれでも諦めず説得を続け、元親に降伏を認めさせた。これにより長宗我部家は減封されるものの、滅亡を免れた。

　また秀吉の九州征伐で元親の嫡男の信親が戦死した際も、元親のために命がけで敵陣に乗り込み、信親の遺体を引き取った。

### 武将トリビア
**元神官でも戦上手？　圧倒的不利でも奮戦**

外交が得意だった忠澄だが、戦でも勇猛ぶりを発揮。豊臣秀吉の四国討伐の際、忠澄は一宮城に籠城。水を絶たれて退去するまで、豊臣軍5万を5000の兵で防いだ。

Illustration: 米谷尚展

## 四国統一に貢献した名参謀

# 吉田孝頼
よしだ たかより

| 生没年 | 1496年〜1563年 | 出身地 | 土佐国（高知県） |

長宗我部元親の父、国親の代から長宗我部家に仕えていた家臣。老獪で智謀に長けた参謀であり、国親の妹を娶るほど信頼され、重用された。彼の最大の功績は、一領具足と呼ばれる、半農半兵の地侍を組織化し、活用したことにある。

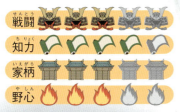

Illustration:
米谷尚展

## 長宗我部家きっての猛将

# 福留親政
ふくどめ ちかまさ

| 生没年 | 1511年〜1577年 | 出身地 | 土佐国（高知県） |

長宗我部元親の信頼厚く、名前に「親」の1字を与えられた猛将。長宗我部軍の本山攻めの際、多数の敵に恐れることなく斬り込んだ。その戦いぶりから「福留の荒切り」と賞賛された。彼の活躍に、元親は全部で21回も感状を送っている。

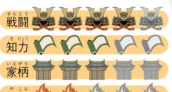

Illustration: 米谷尚展

第2章 長宗我部家　吉田孝頼／福留親政

# 一条家

**五摂家の流れを汲む公家大名**

## 一条家の勢力図

応仁の乱で京を避難した一条教房が、土佐一条家の祖。代々支配を確立し、公家大名化した。土佐ではほとんど勢力拡大せず、国人同士の調停者的立場をとる。しかし一条兼定の代に長宗我部家に領土を奪われ、やがては政務放棄状態だった兼定を家臣が追放した。その後、兼定は領国の回復を目論むが、叶うことはなかった。

1560年ごろの一条勢力 → 1575年滅亡
1575年ごろの一条勢力

## 一条家が参加したおもな合戦

🏯=攻城戦　⚔=野戦

**1546年　蓮池城での戦い**
一条軍 VS 大平軍

一条家、四代当主の房基が勢力拡大を狙い侵攻。蓮池城を大平氏より奪い、一条家は高岡郡一帯を支配下に治めた。だが房基はその後、突如として自殺した。
→ **一条軍の勝利**

**1567年～1568年　伊予出兵**
一条軍 VS 河野軍

大友家と手を結んだ一条家は、南伊予に侵入。河野家との戦いは膠着状態に陥るが、毛利家が河野家に援軍。一条家は大きな損害を受け、国力を落とした。
→ **一条軍の敗北**

**1575年　四万十川の戦い**
一条軍 VS 長宗我部軍

一度は土佐を追われた一条兼定だが、舞い戻り伊予宇和島で挙兵。長宗我部と激突した。しかし一領具足を率いる長宗我部軍に、わずか数刻で負けてしまった。
→ **一条軍の完敗**

**【家紋：下がり藤】**
藤原北家の流れを汲む一条家は、その証である藤紋を使用。形は九条家と同じ下がり藤。

## 名門土佐一条家の最後の当主

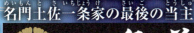

# 一条兼定

いちじょう かねさだ

| 生没年 | 1543年〜1585年 | 出身地 | 土佐国（高知県） |

　幼くして一条家を継いだ兼定は、祖父や家臣の助けを借りて統治を行う。しかし土佐統一を狙う長宗我部元親と対立し、次々と領土を奪われた。やがて政治を顧みなくなった兼定は、家臣の手により追放され、再興を望みながら病没した。

Illustration: みきさと

第2章　一条家

一条兼定／安芸国虎

## 土佐七雄の一角

# 安芸国虎

あき くにとら

| 生没年 | 1530年〜1569年 | 出身地 | 土佐国（高知県） |

　土佐で武勇を誇った豪族で、一条兼定の盟友。長宗我部家の土佐統一において最大の障害となるが、八流の戦いで長宗我部元親に敗れて自害した。部下に慕われていたため、自害した際には多くの重臣が彼の後を追って殉死した。

Illustration: みきさと

## 島津家の勢力図

**天下人を恐れさせた九州の雄**

島津家は大隅と薩摩に広大な所領を持っていたが、内紛が絶えず衰退。だが十五代当主の貴久のころに内紛が落ち着き、十六代当主の義久の代で飛躍する。当主交代に乗じて攻めてきた伊東家を撃退。さらに伊東家が頼った大友家も倒した。これを機に島津家は北上を開始。豊後、豊前の一部を除き、九州全域を支配した。

1560年ごろの島津勢力

1586年ごろの島津勢力

# 島津家

【家紋：丸に十の字】
もとは「十」の字だけであったがのちに丸がつく。十字は諸説あるが2匹の龍を示すという。

### 島津家が参加したおもな合戦
=攻城戦 =野戦

**1578年 耳川の戦い**
島津軍 VS 大友軍

島津家に駆逐された伊東家は、北九州の大友家を頼る。大友家は大軍をもって島津家を攻めるが、追撃で陣が伸びたところを突かれ、島津家が逆転した。
→ **島津軍の圧勝**

**1584年 沖田畷の戦い**
島津軍 VS 龍造寺軍

大友家の衰退で勢力を伸ばした龍造寺家だが、有馬家が離反。有馬家に頼られた島津軍は、沖田畷で龍造寺家と激突。圧倒的兵力の龍造寺軍を撃退した。
→ **島津軍の圧勝**

**1600年 関ヶ原の戦い**
島津軍 VS 徳川軍

西軍に属して戦うも、敵中に孤立してしまう。そのため敵中突破を図ってから撤退。大きな犠牲を出しながらも、島津義弘を逃すことに成功した。
→ **島津軍の敗走**

## 将の将たる器の持ち主
# ⊕ 島津義久

しまづ よしひさ　｜生没年｜1533年〜1611年

- 戦闘：★★★★☆
- 知力：★★★★☆
- 家柄：★★★★☆
- 野心：🔥🔥🔥🔥

出身地：薩摩国（鹿児島県西部）

第2章　島津家

島津義久

武勇や知略に長けた一族を率い、九州統一の目前までいった島津家の当主。

強力な一族、家臣団を抱えていた義久は、家督を継いですぐに伊東家を撃破。さらに伊東家が頼った大友家までも耳川の戦いで倒した。これを機に北上を開始。龍造寺家を破り、九州統一が目前に迫るが、豊臣秀吉の九州征伐を受けて降伏した。

破竹の勢いで九州を制した義久だが、彼自身が直接指揮したのは、耳川の戦いくらい。あとは優秀な弟や家臣団を上手く動かし勝利を得た。将の将たる器の持ち主だといえる。

### 戦国最強の軍団を手足のごとく操り九州を制覇

**武将トリビア**
意外とオカルト好き？占いで方針を決定

義久は戦の吉兆をクジで占い、それにより方針が変わることも。義久の優柔不断さの証とされるが、クジは仕込みで家臣をまとめるのに利用したとも言われている。

Illustration: 中山けーしょー

## 伝説的な武勲をたてた鬼島津
# ⊕ 島津義弘

しまづ よしひろ　生没年 1535年〜1619年

- 戦闘：★★★★★
- 知力：★★★★☆
- 家柄：★★★★☆
- 野心：🔥🔥🔥

出身地：薩摩国（鹿児島県西部）

第2章　島津家　島津義弘

## 島津の名を天下に轟かせた鬼神

島津四兄弟の次男で、義久の弟。兄弟のなかでもっとも武功をあげ、島津家躍進に貢献した。

義弘は初陣から関ヶ原の戦いまで、多くの戦場で戦い、武勲をあげている。特に伊東家との木崎原の戦い、大友家との耳川の戦いでは、自軍より戦力の多い敵軍を破って勝利している。

また関ヶ原で西軍についた島津家は、東軍の追撃を受けるも敵中突破を行って撤退。多大な犠牲を払いながらも義弘は生還したのだった。

卓越した軍事能力をもつ義弘は、天下を取った豊臣と徳川をもっとも恐れさせた男だった。

### 武将トリビア：鬼のような戦いぶりだが部下には優しかった

義弘は学問や医術、茶の湯にも秀でていた文化人でもある。また家臣を大切にし、一兵卒への配慮も忘れなかった。そのため部下たちからは非常に慕われていた。

Illustration：中山けーしょー

## 島津のため犠牲となった悲運の智将
# ⊕ 島津歳久

しまづ としひさ　　生没年　1537年〜1592年

- 戦闘
- 知力
- 家柄
- 野心

出身地：薩摩国（鹿児島県西部）

第2章　島津家　島津歳久

島津四兄弟の三男。義弘や家久のように最前線で戦うよりも、軍師的な立場で戦うことが多い智将。内政面でも優れていて、島津の九州統一を影から支えた。

先見の明もあった歳久は、豊臣秀吉を評価していて、九州征伐の際には唯一降伏を主張した。しかしその進言は退けられ、島津家は秀吉と戦い敗北した。

歳久は戦いが始まると態度を翻し、徹底抗戦する。さらに降伏後も反抗的な態度をとった。その結果、謀反を疑われ、歳久は処断される。だが歳久が秀吉の怒りを一身に受けたことで、島津家を守ることになった。

## 島津家を影から支え その身をもって滅亡から救った

### 武将トリビア
**その生き様は尊敬され薩摩の神となった**

歳久は死の間際「女性は出産時に死ぬような痛みを味わう。死後はその痛みを少しでも和らげたい」と言い、そのため平松神社に戦の神だけでなく安産の神としても祀られた。

Illustration: 中山けーしょー

## 島津屈指の前線指揮官

# ⊕ 島津家久

しまづ いえひさ　　生没年　1547年～1587年

- 戦闘：★★★★★
- 知力：★★★★☆
- 家柄：★★★★☆
- 野心：★★★☆☆

出身地：薩摩国（鹿児島県西部）

### 第2章 島津家 島津家久

島津四兄弟の末弟で、兄弟のなかでも戦術指揮に優れ、数々の戦場で戦上手ぶりを発揮した。

肥後の龍造寺家との沖田畷の戦いでは、倍以上の敵軍に対して、釣り野伏せで撃破。また豊臣家の九州征伐の際、家久は豊臣軍の先遣隊を戸次川の戦いで打ち破る。この戦いでは長宗我部信親はじめ、名だたる武将を討ち取った。地形を巧みに利用し、兵を手足のように指揮する手腕は卓越していた。

しかし家久は惜しくも41歳の若さで病死。その後訪れる島津家最大の危機に、その才能を発揮させることはできなかった。

### 島津最強伝説を生み出した無骨な戦上手

#### 武将トリビア　島津の御家芸である「釣り野伏せ」戦術とは？

島津家が得意とした「釣り野伏せ」という戦術は、本体の左右に兵を隠しておき、敵が攻めてきたら三方向から包囲するというもの。兵力差を覆す起死回生の策でもあった。

Illustration: 中山けーしょー

## 島津の未来を救った英傑

### ⊕ 島津豊久
しまづ とよひさ

| 生没年 | 1570年～1600年 | 出身地 | 薩摩国（鹿児島県西部） |

島津家久の子で、父に劣らぬ武将として活躍した。関ヶ原の戦いで東軍に追い詰められた際、自ら死兵となって戦い、敵を足止めする策「捨て奸」を実行。壮絶な最期を遂げた。こうして島津家に必要な島津義弘を逃し、島津家を守った。

Illustration: 中山けーしょー

## 最新兵器・鉄砲国産化の功労者

### △ 種子島時尭
たねがしま ときたか

| 生没年 | 1528年～1579年 | 出身地 | 大隅国（種子島） |

種子島の領主で島津家の家臣。好奇心旺盛で、種子島にポルトガル人が漂着した際に、彼らの持っていた鉄砲に注目。鍛冶職人にその構造を調べさせ、自主生産に成功した。こうして国産化された鉄砲は、戦国時代に軍事革命をもたらした。

Illustration: 中山けーしょー

第2章 島津家

島津豊久／種子島時尭

# 戦国コラム⑨

# 戦の武器について

### 合戦で使われたいろいろな武器

## 🌀 戦国時代の武器

　全国各地で激しい戦いが繰り広げられた戦国時代には、合戦で使われる武器の改良が進んだ。それまでの時代には存在しなかった新兵器・鉄砲も登場し、合戦の形式そのものも変わっていった。どんな武器がどのように使われていたのか、ここで紹介しよう。

戦国時代に使われていた鉄砲。威力が高く戦いの勝敗を決めてしまうほど強力だったため、日本中に広まった。

## ❀ 戦国時代の主要武器 ❀

### 槍（やり）

　長い柄の先に刃物を差し込んだ武器で、近づかなくても攻撃でき、まとまった人数で並ぶだけでも相手を威圧できるといった特徴から、一般の兵士の武器としてよく使われた。敵と最初に武器をあわせることを「一番槍」というが、これは槍がもっとも一般的な武器であったことの証明でもある。
　刃の部分の形によって素槍や鎌槍、片鎌槍、十文字槍などさまざまなタイプがあったが、刃が大きなものは高価なうえに重く扱いにくいため、名のある武士の特注品であり、兵士たちは素槍を使っていた。

**本多忠勝**
穂先にとまったトンボが真っ二つになったという、名槍・蜻蛉切を愛用した槍の名手。

**可児才蔵**
宝蔵院槍術の使い手。合戦中に運びきれないほどの敵の首をとった、恐るべき槍の達人。

## 刀

　刀は槍と並び一般的な武器だった。槍より短いため、槍を持った相手との戦いは不利だったが、敵味方が入り乱れた乱戦や建物の中での戦いなど、槍を振り回しにくい場所で扱いやすかった。また、槍が折れたり穂先が外れてしまうこともあり、そうしたときには刀が役に立った。兵士が使っていたのは打刀と呼ばれる短めの刀で、量産品の質が悪いものだったが、武将たちは名のある刀工の作品を愛用したという。

**立花宗茂**
剣術や弓術など、武芸に通じていた。新影タイ捨流剣術の免状を持つ武人である。

## 弓

　狩りの道具として使われていた弓は、人間同士の戦いでも強力な武器となった。大陸で主流になっていた弓にくらべると日本の弓は大きく、強い力で遠くまで矢を放つことができた。歴史研究家の調査によると戦国時代の合戦の負傷者のうち、40％程度の兵士が矢傷を受けていたという。これは鉄砲傷の20％や刀傷の4％にくらべて圧倒的に高い数字で、兵士たちにとって弓が危険な武器だったことを示している。

**足利義輝**
剣豪将軍として名高いが、弓術も小笠原流の指導を受けた達人だった。

## 鉄砲

　1543年、種子島に漂着したポルトガル人が、鉄砲の実演をして人々を驚かせた。領主・種子島時堯は鉄砲を買い取って刀鍛冶に複製を命じ、量産化に成功する。やがて堺や根来、国友など、日本各地に鉄砲鍛冶が誕生し、全国に広まっていった。
　鉄砲は高価で雨の日には使えないという欠点はあったが、威力は弓と比較にならないほど高かった。織田信長は鉄砲の生産地をおさえ、数を揃えて集中的に活用することで、合戦のやり方そのものも鉄砲中心に変えてしまったといわれる。

**種子島時堯**
鉄砲に興味を示して鍛冶屋に複製させた、日本に鉄砲を広めた最大の立役者。

**雑賀孫市**
鉄砲傭兵団・雑賀衆の長。石山合戦では本願寺勢力に味方して、織田信長を苦しめた。

第2章　戦国コラム ⑨　戦の武器について

# 大友家

九州に根を張る源頼朝から続く武家の名門

## 大友家の勢力図

鎌倉時代から続く名家で、豊後を支配していた。1557年に大内家が滅亡すると勢力を伸ばし、6か国を支配するに至る。しかし大友宗麟がキリスト教に傾倒したことから家中が乱れる。耳川の戦いで島津家に大敗後、家臣の相次ぐ謀反や島津家の侵攻により衰退。宗麟は豊臣秀吉に救援を求め、なんとか豊後一国を守った。

1566年ごろの大友勢力 → 1586年滅亡
1586年ごろの大友勢力

## 大友家が参加したおもな合戦

🏯=攻城戦　✕=野戦

### 1569年 多々良浜の戦い
大友軍 VS 毛利軍

立花山城を巡り、毛利家の吉川元春、小早川隆景の軍勢と戦う。立花道雪が、小早川軍に損害を与え、さらに謀略により敵の背後を脅かし勝利した。

→ **大友軍の勝利**

### 1578年 耳川の戦い
大友軍 VS 島津軍

島津家の北上に対し、宗麟は大軍を率いて日向に遠征。当初は兵力差で押し込んでいたが、追撃により陣が伸びていたところを逆襲され、大友軍は敗走した。

→ **大友軍の敗走**

### 1600年 石垣原の戦い
大友軍 VS 黒田軍

関ヶ原の戦いで大友家は西軍につき、旧領回復のため豊後に攻め込む。黒田官兵衛の軍とぶつかり、先遣隊を撃破するが、黒田軍の救援が駆けつけ敗退した。

→ **大友軍の敗退**

【家紋：抱き杏葉】
杏葉は馬具の装飾品で、西アジアから中国に流入。唐の時代に流行し、日本に伝わった。

## 神の国を築こうとしたキリシタン大名
# 大友宗麟

おおとも そうりん　生没年 1530年～1587年

戦闘 ★★★★☆
知力 ★★★★☆
家柄 ★★★★☆
野心 ★★★★☆

出身地：豊後国（大分県）

第2章　大友家　大友宗麟

**信仰を胸に キリシタン王国を 夢見る**

　宗麟は「二階崩れの変」と呼ばれる大きな御家騒動を経て、家督を継いだ。ライバルであった大内家が滅亡したため、勢力を伸ばすことに成功する。
　だが宗麟がキリシタンとなったことから大友家は変わる。宗麟は信仰に熱心になるあまり、領内の寺社仏閣を破壊。これにより人心が離れて謀反が相次ぎ、島津家との戦いで敗れたのを機に、大友家は衰退した。追い込まれた宗麟は豊臣秀吉に臣従。それにより領土は豊後一国となるが滅亡を免れた。自らの信仰と引き換えに、大名としての栄達を失った。

### 武将トリビア
**キリスト教的 慈悲深さをもった領主**

宗麟は領内に西洋医学の診療所を作り、領民なら無料で診察を受けられるようにした。寺社仏閣を破壊し、領民の離反を招いたが、宗麟自身は慈悲深い仁将だった。

Illustration: みきさと

# 大友家を守護した雷神
## 立花道雪

たちばな どうせつ　生没年 1513年～1585年

- 戦闘
- 知力
- 家柄
- 野心

出身地：豊後国（大分県）

大友家に仕えて各地を転戦し、主君を支えた名将。大友家を宗麟が継いだあと、大内家が滅ぶが、その旧領を道雪が押さえて回り、大友家の勢力拡大に貢献した。また、対毛利家との戦いでも、毛利家の名将である吉川元春と小早川隆景が率いる軍勢を撃退している。

部下の統率、戦の采配に優れた名将ゆえに、毛利家への備えとして動かせなかった。結果、宗麟の補佐をできず、大友家の衰退を招く。家臣の離反が相次ぐなか、道雪は変わらぬ忠誠を尽くした。理想の武士を体現したかのような武将だ。

**変わらぬ忠誠を主に捧げ戦う雷神の化身**

### 武将トリビア
**雷を斬った道雪 雷神となる**

道雪は若いころに雷に打たれるが、このとき咄嗟に雷を斬ったおかげで助かったという。雷で体が不自由になるが、その軍才は衰えず「雷神」と呼ばれるようになった。

第2章　大友家　立花道雪

Illustration: みきさと

## 雷神の教えを受け武神となる
# 立花宗茂

たちばな むねしげ　生没年 1567年～1642年

- 戦闘
- 知力
- 家柄
- 野心

出身地：筑前国（福岡県西部）

第2章　大友家　立花宗茂

**誰もがその武勇に惚れ込んだ英傑**

立花道雪と並び称された名将・高橋紹運の長男。男子に恵まれなかった道雪が宗茂に惚れ込み、紹運に頼み込んで立花家の婿養子とした。

1581年の石坂の戦いで初陣を迎えた宗茂は、次々と手柄を立てる。島津家との戦いでは、5万の大軍を相手に奮戦し、島津軍を退けるのに尽力。のちにその武勇を豊臣秀吉に見込まれ、大名に取り立てられた。また、関ヶ原の戦いで西軍につき改易されながらも、その力を徳川家康に惜しまれ大名に復帰。その武勇と忠義心は天下人ふたりが部下にと望むほどだった。

### 武将トリビア
**立花家の当主にもなった立花誾千代**

宗茂は道雪の娘である誾千代と結婚したが、この誾千代も武勇に長けた姫だと逸話が残っている。関ヶ原の戦いでは武装し、侍女たちを指揮して敵を退けたという。

Illustration：みきさと

# 龍造寺家

短期間で九州三強の一角に伸し上がる

【家紋：十二日足】
太陽光を図示化したもの。珍しい紋だが、北九州では、よく使われている紋でもある。

## 龍造寺家の勢力図

龍造寺家は肥前の国人だったが、主家の少弐家を追放して独立。龍造寺隆信が当主となるが、大友家が内紛に介入して追放される。その後、体勢を立て直し、肥前を支配。さらに大友家が衰退すると、肥後、筑後、筑前を掌握した。だが島津家との戦で敗れ、隆信が死去すると衰退し、鍋島家に実権が移った。

1581年ごろの龍造寺勢力 → 1584年滅亡
1584年ごろの龍造寺勢力

## 龍造寺家が参加したおもな合戦

=攻城戦　=野戦

**1530年 田手畷の戦い**
少弐軍 VS 大内軍
→ 少弐家の勝利

周防国の大内家は北九州の覇権を握るため、少弐家を攻める。勢福寺城を巡る戦いで、龍造寺家兼が奮戦し、大内家を撃退。勢力を伸ばした。

**1570年 今山の戦い**
龍造寺軍 VS 大友軍
→ 龍造寺軍が逆転勝利

龍造寺家討伐のため、大友家は6万の大軍で攻め込んできた。しかし、油断していた大友軍に夜間奇襲を敢行。大将の大友親貞を討ち取り勝利した。

**1584年 沖田畷の戦い**
龍造寺軍 VS 島津軍
→ 龍造寺軍の壊滅

龍造寺家は離反した有馬家討伐のために大軍を派遣。有馬家を援護した島津軍と戦うが、伏兵に襲われ壊滅。龍造寺隆信も戦死してしまう。

## 無名の国人から九州三強の一角へ

# 龍造寺隆信

りゅうぞうじ たかのぶ　生没年　1529年～1584年

- 戦闘
- 知力
- 家柄
- 野心

出身地　肥前国（佐賀県、長崎県）

### 第2章 龍造寺家 龍造寺隆信

**乱世の梟雄 その非情さで龍造寺家を拡大**

龍造寺隆信は一代で国人領主から戦国大名となった猛将で、「五州二島の太守」と号した。若いころから何度も肥前から追い出され、苦渋を舐めた経験からか、猜疑心が強く冷酷な性格になってしまい「肥前の熊」と恐れられていた。

隆信は謀略や騙し討ちなども多用して勢力を拡大。耳川の戦いで大友家が島津家に大敗すると、大友家の領地を奪取した。だが家臣の離反も多く、有馬家の離反をきっかけに島津家と衝突。沖田畷の戦いで島津軍に敗れ、隆信自身も討ち取られてしまった。

**武将トリビア**
**一代で大勢力を築いた梟雄 家臣の人望は……**
冷酷な隆信は家臣の人望はなかったという。沖田畷の戦いでは、部下が見捨てた、返還された隆信の御首の受け取りを、家臣が拒否したなどの逸話が残されている。

Illustration: 三好載克

## 龍造寺家躍進の立役者
# 鍋島直茂

なべしま なおしげ　生没年 1538年〜1618年

戦闘
知力
家柄
野心

出身地：肥前国（佐賀県、長崎県）

第2章 龍造寺家　鍋島直茂

龍造寺隆信が九州で覇道を歩むのに欠かせない存在だったのが、従兄弟でもあり忠臣でもある鍋島直茂だ。戦では先手として、何度も武功をあげている。

隆信が沖田畷の戦いで敗死したあとは、外交能力を駆使して島津家から龍造寺家を守り、豊臣秀吉の九州征伐でも活躍して所領を安堵された。だが、その実力ゆえに豊臣家、さらには徳川家からも龍造寺家のトップとして扱われる。それに絶望した龍造寺高房は憤死。その跡を直茂の嫡男が継ぐことになり、結果として直茂は主家を乗っ取る形となった。

全力で守ったがゆえに龍造寺家を簒奪することに

**武将トリビア**
鍋島直茂の主家乗っ取りが怪談「鍋島化け猫騒動」を生んだ

国を直成に乗っ取られた高房は憤死。のちに高房の亡霊が出ると噂になる。この話がもとになり、高房の飼猫が化けて復讐するという「鍋島化け猫騒動」の怪談ができた。

Illustration: 三好載克

# 第3章 その他の群雄

華々しい勝者となることはできなかったが時代にその足跡を遺した群雄たちの活躍も戦国時代を深く理解するために知っておきたい。

第3章 その他の群雄 蠣崎家／安東家／南部家／津軽家

## 蠣崎家
**日本最北端の藩主の一族**

アイヌ民族の武装蜂起を鎮圧して成り上がった一族で、安東家の配下から戦国大名に独立した。蠣崎慶広の代に松前と改名して、松前藩の藩主となる。

**戦国時代当主　蠣崎季広（1507年〜1595年）**

蠣崎家はアイヌ民族と戦ってきたが、季広はアイヌ民族と友好的に接し、交易を通じて利益をあげた。娘たちを東北の大名家に嫁がせて姻戚関係を作り、息子の慶広の代に大名として独立する基礎を築いたのも、季広の功績といえる。

## 安東家
**朝廷と戦った蝦夷の英雄の血統**

前九年の役で朝廷と戦った、安倍貞任の末裔。現在の青森県から秋田県に勢力をもち、アイヌ民族との交易で栄えた。のちに常陸国（茨城県）に移封となった。

**戦国時代当主　安東愛季（1539年〜1587年）**

鎌倉末期に内紛で分裂していた安東家をひとつに統一して南部家や大宝寺家と戦い、安東家の最盛期を築いた。本州中央部の情勢を注意深く見守っており、織田信長や豊臣秀吉に接近していた。晩年には名字を安東から秋田に改名している。

## 南部家
**東北で勢力を築いた甲斐源氏一門**

源光行を先祖にもつ名門。現在の青森県から岩手県にかけて広大な領土を有した。一族内の争いが多く、豊臣秀吉の天下統一後にも九戸政実の反乱が起きた。

**戦国時代当主　南部晴政（1517年〜1582年）**

三戸系と八戸系の2派閥に分かれて争っていた南部家をひとつに統一して、戦国大名としての基礎を築く。勇猛な武将で、自ら軍勢を率いて斯波家や安東家の侵攻軍を撃退した。一族との関係を深めて家臣化し、南部家の最盛期を築いた。

## 津軽家
**南部家の内紛に乗じて独立**

南部家庶子の一族で、もともとは大浦と名乗っていた。養子に入った津軽為信の代に南部家から独立し、豊臣秀吉に謁見して大名の地位を獲得した。

**戦国時代当主　津軽為信（1550年〜1608年）**

南部一族の久寺家の出身で、大浦為則の養子となって家督を継ぐ。南部当主の晴政と養子の信直のあいだで内紛が発生すると、信直の実父・石川高信を倒して石川城を奪い、周辺の南部一族を次々に倒して勢力地盤を獲得。戦国大名として独立した。

## 足利宗家に連なる名族中の名族
# 斯波家（しばけ）

鎌倉時代に奥州の斯波郡に移った足利家氏が斯波を名乗ったのが、一族の始まり。室町時代には管領を務めた名家だが、応仁の乱後は没落した。

**戦国時代当主 斯波義銀（しばよしかね）（1540年～1600年）**

尾張国（愛知県）の守護・斯波義統の子。織田信友に父が討たれたため、織田信長を頼って信友を討つ。その後、義銀は信長の図らいで尾張守護となる。実際は信長に都合のいい操り人形であったため、信長の追放を画策するが、逆に追放された。

## 名族の一門だが家名を保てず
# 大崎家（おおさきけ）

奥州管領・斯波家兼の末裔で、かつては伊達家や南部家を従えていたが、室町時代に奥州管領が廃止されると没落。小田原征伐には参加せず、改易された。

**戦国時代当主 大崎義隆（おおさきよしたか）（1548年～1603年）**

大崎義直の子。父の代から大崎家は伊達家の勢力に圧倒されて衰退しており、伊達政宗によって圧力が強まるとついに屈服する。小田原征伐のときには領内で一揆が起きたため参陣できず、改易処分となる。この一揆は政宗の謀略ともいわれる。

## 伊達家と佐竹家のあいだで独立を保つ
# 相馬家（そうまけ）

平将門の子孫・相馬師国の養子となった千葉師常が相馬家の祖。奥州相馬家と下総相馬家に分かれて争っていた。のちに奥州相馬家は伊達家の宿敵となる。

**戦国時代当主 相馬盛胤（そうまもりたね）（1529年～1601年）**

相馬顕胤の子で、奥州相馬家の第十五代当主。父の顕胤は伊達家で内紛が起きたときに伊達稙宗についたため、伊達晴宗と敵対。以来、相馬家は伊達家の宿敵となり、盛胤も伊達晴宗や輝宗と戦って、伊具郡や丸森城を奪い取っている。

## 奥州の覇者の圧力に屈した会津の重鎮
# 蘆名家（あしなけ）

もともとは三浦半島に勢力をもつ三浦家の一門で、鎌倉時代に会津に移った。会津守護を自称するほどの勢力を誇ったが、伊達政宗に攻め滅ぼされた。

**戦国時代当主 蘆名盛氏（あしなもりうじ）（1521年～1580年）**

蘆名家の第十六代当主。山内家を滅ぼし、二階堂家や二本松家も屈服させて蘆名家の最盛期を築いた。後継者の盛興が早世したため二階堂盛隆を養子に迎えて後見人となったが、盛隆に反発する重臣が多く、盛氏の死後、蘆名家は急速に衰退する。

第3章　その他の群雄

斯波家／大崎家／相馬家／蘆名家

## 申告ミスで消えた武門の家

# 宇都宮家

鎌倉時代から下野国（栃木県）に勢力をもち、関東に進出してきた北条家と戦った。小田原征伐後、石高の申告に間違いがあり、不正を疑われて改易された。

**戦国時代当主　宇都宮成綱（1468年〜1516年）**

宇都宮家の第十七代当主。若くして当主となり、家臣団の再編制や統制の強化を進め、室町時代後期に没落していた宇都宮家を立て直した。鹿沼家を攻め滅ぼして領土を拡大し、佐竹家の侵攻軍を追い返すなど、勝利を重ねて宇都宮家の最盛期を築く。

## 関東の覇者とわたりあった房総の雄

# 里見家

上野源氏の一門。室町時代に一度滅ぼされたが、安房国（千葉県）で復活した。足利家や武田家、上杉家と結んで北条家に対抗し、江戸時代まで存続した。

**戦国時代当主　里見義堯（1507年〜1574年）**

家中の内紛で父が殺害されるが、北条氏綱の支援を受けて家督争いを制し、当主となる。しかし、その後は氏綱と対立し、佐竹家や上杉家と協力して北条家と戦う。北条氏康の代に圧倒された時期もあるが、最終的には奪われた領土を取り返した。

## 将軍家から分かれた関東の足利家

# 足利家

足利尊氏の三男で、鎌倉公方となった基氏が初代。子孫が幕府と対立して滅ぼされ、足利成氏が古河公方を興すが、北条家に関東の支配権を奪われ断絶した。

**戦国時代当主　足利晴氏（1508年〜1560年）**

第四代古河公方。父の高基の代に独立した。北条氏綱と同盟して、小弓公方を名乗っていた叔父の義明を攻め滅ぼす。氏綱の子・氏康とは対立し、山内上杉家や扇谷上杉家と組んで北条領の河越城を攻めるが、大敗して没落した。

## 鎌倉府を補佐した藤原氏の末裔

# 上杉家

関東管領を務めた。一族は4つに分裂し、山内上杉家と扇谷上杉家が勢力を拡大。しかし北条家に敗れ、山内上杉家は関東を追われ、扇谷上杉家は滅亡した。

**戦国時代当主　上杉憲政（1523年〜1579年）**

山内上杉家当主。関東に進出してきた北条家に対抗するため、扇谷上杉家や足利家と同盟。連合軍で北条家を攻めるが、河越城の戦いで大敗して勢力を失った。その後、憲政は上杉謙信を頼って落ちのび、謙信を養子に迎えて関東管領を譲った。

第3章　その他の群雄　宇都宮家／里見家／足利家／上杉家

## 復活を果たすも大名になりきれず
# 神保家

大陸系の一族である惟宗氏の末裔。畠山家に仕えており独立を図ったが失敗し、没落。神保長職の代に再興したが、家中の内紛がもとで滅亡した。

**戦国時代当主　神保長職（生年不詳～1572年）**

越中国（富山県）で神保家を復活させ、越中国最大の勢力へと押し上げた。上杉謙信に敗れて降伏し、反上杉派の長男・長住と対立して内紛が起きるが、これを鎮圧。しかし、長職の死後に神保家は反上杉派となり、上杉家に攻め滅ぼされた。

## 北陸で復活を遂げた名族
# 畠山家

足利将軍家一族の足利義純が、源平合戦で活躍したが没落していた名門・畠山家を継いで復活。戦国時代には家中で内紛が発生し、上杉謙信に滅ぼされた。

**戦国時代当主　畠山義総（1491～1545年）**

越中国（富山県）や能登国（石川県）に勢力をもった能登畠山家の第七代当主。叔父の義元と協力して国内で発生した一向一揆を鎮圧し、支配体制を強化。堅城・七尾城を築き商工業者を保護して城下町を発展させ、畠山家の全盛期を築いた。

## 若き信玄の最大の強敵
# 村上家

南北朝時代に足利尊氏について戦った一族で、信濃守護の小笠原家と争い信濃国（長野県）北部で独立した。武田信玄と激戦の末、敗れて信濃国を追われる。

**戦国時代当主　村上義清（1501～1573年）**

武田家や諏訪家と結んで海野家を破り、北信濃を支配した。のちに武田信玄と争い、上田原の戦いや砥石城の戦いで武田軍に圧勝した。しかし、真田幸隆の謀略で砥石城を落とされると武田家に押され始め、上杉謙信を頼って落ちのびた。

## 名門の名を継いだ成り上がりの大名
# 姉小路家

京極家の配下から独立した三木家が、南北朝時代に飛騨（岐阜県）国司を務めていた姉小路家の名を継いだ。飛騨国を統一するが、豊臣秀吉に降伏した。

**戦国時代当主　姉小路頼綱（1540～1587年）**

父の姉小路良頼に命じられて姉小路家の名を継いだ。上杉家に従いながら織田家とも関係を作り、上杉謙信の死後は織田家と結んで国内の親上杉派勢力を滅ぼして飛騨国を統一した。信長の死後は柴田勝家についたため、秀吉に攻められ降伏する。

第3章　その他の群雄　神保家／畠山家／村上家／姉小路家

第3章 その他の群雄　北畠家／京極家／六角家／波多野家

## 織田家に飲み込まれた隣国
# 北畠家

村上源氏の末裔で、代々天皇家に仕えてきた公家の一族。志摩国（三重県）と紀伊国（和歌山県）を支配したが織田家に降伏し、一族が暗殺されて滅亡した。

**戦国時代当主　北畠晴具**
（1503年～1563年）

北畠家の第七代当主。志摩国や紀伊国に出兵して領土を拡げ、大和国（奈良県）まで進出した。後継者の具教に家督を譲ったあとも支配力を保ち、伊勢国内で対立していた長野家を破っている。文武両道で、和歌や書もたしなむ文化人でもあった。

## 衰退しながらしぶとく生き残る
# 京極家

宇多源氏の一族で、近江国（滋賀県）や出雲国（島根県）の守護を務めた。戦国時代には浅井家や尼子家の台頭で衰退したが、江戸時代まで存続した。

**戦国時代当主　京極高次**
（1563年～1609年）

織田信長に仕え、本能寺の変では明智光秀についたが、秀吉の側室となった妹の嘆願で許される。妻は浅井長政とお市の方の娘・初で、それほどの功績がなくても出世を重ねたため、妹や妻の光で出世した「蛍大名」と陰口を叩かれた。

## 同族と戦い近江国で一時代を築く
# 六角家

京極家の分家にあたる家柄で、近江国（滋賀県）の支配権を巡って京極家と争った。六角定頼の代に全盛期となるが、その後は衰退して織田家に討伐された。

**戦国時代当主　六角義賢**
（1521年～1598年）

六角定頼の後継者。六角家の全盛期を築いた父・定頼の存命中は勢力を保っていたが、父の死後は三好長慶に負け続け、隠居後には配下だった浅井長政にも独立されてしまう。のちに信長包囲網に参加するが敗北して降伏し、その後の消息は不明。

## 信長についていけず反乱
# 波多野家

平将門の乱を鎮圧した藤原秀郷を先祖にもつ武門の家で、丹波国（京都府）に勢力をもった。織田信長に従ったが、のちに敵対して討伐され、滅亡した。

**戦国時代当主　波多野秀治**
（生年不詳～1579年）

波多野家は秀治の祖父の代から三好家に従っていたが、三好長慶の死後に丹波国の八上城を奪って独立した。織田家が勢力を拡大すると従属したが、信長包囲網に参加して反逆する。その後は粘り強く織田軍に抵抗したが降伏し、処刑された。

200

## 赤松家 — 最後の選択を誤って消えた名門

村上源氏の末裔で、嘉吉の乱を起こして没落したが復興した。戦国時代には内紛で衰退しつつも家を保っていたが、関ヶ原の戦い後に改易された。

**戦国時代当主 赤松義祐（1537年〜1576年）**
赤松晴政の子で、父と協力して領国を運営していたが、有力家臣だった浦上政宗の後押しで父を追放して当主の座についた。家中ではその後も内紛が続き、その影響で義祐は織田家とも敵対するが、のちに関係を修復して窮地を脱した。

## 浦上家 — 下克上を果たすが自身も下克上にあう

赤松家の配下だったが、浦上村宗の代に赤松義村を殺害して赤松家に反逆。浦上宗景の代に戦国大名化する。しかし、家臣の宇喜多直家に追放され滅亡する。

**戦国時代当主 浦上宗景 生没年不詳**
浦上村宗の子で、浦上家を継いだ兄の政宗と対立して家を分裂させてしまう。備前国（岡山県）に勢力をもち、織田信長に近づいて領地の支配権を認められたが、家臣の宇喜多直家に2回も反乱されて、ついに居城から追放されてしまった。

## 山名家 — かつては日本を席巻した大勢力

室町時代は11か国もの守護を務めた大勢力だったが、足利義満によって勢力を削られる。戦国時代には織田家と毛利家に挟まれて苦しみ、織田家に降伏した。

**戦国時代当主 山名祐豊（1511年〜1580年）**
同じ一族で因幡国（鳥取県）守護を務めていた山名誠通を討ち、分裂していた山名家を統一した。勢力を拡大した織田家に降伏するが、重臣が毛利家と通じたため織田家に敵対したとみなされ、織田軍の攻撃を受けて籠城戦の最中に没した。

## 一色家 — 豪族との勢力争いに敗れた名門

足利家の一族で若狭国（石川県）や丹後国（京都府）の守護を務めたが、衰退して守護の座を若狭武田家に奪われた。織田家の侵攻を受けて滅亡した。

**戦国時代当主 一色義道（生年不詳〜1579年）**
織田信長と通じて友好関係を保ったが、信長と敵対した足利義昭の味方についたり、焼き討ちされた比叡山延暦寺の僧を保護したため信長と対立し、織田家の攻撃を受ける。義道は山名家を頼って逃亡するが、家臣の裏切りにあって自害した。

第3章 その他の群雄　赤松家／浦上家／山名家／一色家

第3章 その他の群雄

河野家／西園寺家／秋月家／有馬家

## 源平合戦の時代から続く土着の家
# 河野家

伊予国（愛媛県）に勢力をもっていた越智家の子孫。四国統一を目指す長宗我部元親に降伏し、その元親が豊臣秀吉に降伏すると安芸国（広島県）に移った。

**戦国時代当主　河野通直（1564年〜1587年）**
先代当主である河野通宣の養子。当主となったとき河野家は衰退しており、毛利家と結んで長宗我部家の攻勢に抵抗を続けたが、結局降伏した。その後、豊臣秀吉が四国を制圧すると安芸国に移され、伊予国の戦国大名としての河野家は滅びた。

## 周辺国の圧力に屈した公家大名
# 西園寺家

藤原家一族の公家で戦国大名化した。戦国時代には周辺諸国に攻められて衰退し、長宗我部家に降伏。豊臣秀吉の四国征伐のあと当主が謀殺されて滅亡した。

**戦国時代当主　西園寺公広（1537年〜1588年）**
僧だったが西園寺家当主である伯父の子が戦死したため、養子に迎えられて後継者となる。長宗我部家に降伏後、四国を制圧した豊臣秀吉に降伏したが、新たな領主として派遣されてきた戸田勝隆の邸宅に招かれたときに殺害された。

## 頼る勢力を変えてよみがえった名族
# 秋月家

大陸から渡ってきた大蔵氏の末裔。大友家の配下時代に反乱して没落するが、秋月種実が家を復興させた。関ヶ原の戦いでは西軍から東軍に寝返った。

**戦国時代当主　秋月種実（1548年〜1596年）**
父が大友家の攻撃を受けて自害するなかで脱出し、毛利家の力を借りて居城を取り戻した。その後は大友家の圧力に屈して臣従するが、耳川の戦いで大友家が大敗すると再び反逆。島津家と結んで大友家の領土を奪い、秋月家の最盛期を築いた。

## 強敵のあいだで優れた生存能力を発揮
# 有馬家

肥前国（佐賀県）最大の勢力だったが龍造寺家に圧迫され、島津家と結んで沖田畷の戦いで龍造寺隆信を討った。その後は豊臣秀吉に従い、領土を保った。

**戦国時代当主　有馬義貞（1521年〜1577年）**
義貞が当主となった時代の有馬家は、大友家や龍造寺家の圧力によって衰退していたが、南蛮貿易によって利益をあげるなど、領国経営の資質は高かった。のちに洗礼を受けてキリシタン大名となり、義貞の影響で家中にもキリスト教が広まった。

## 天下人の手で復興した小大名
# 相良家（さがらけ）

多良木庄と人吉庄というふたつの勢力に分かれていたが、室町時代に統一された。戦国時代には島津家に敗北するが、豊臣秀吉によって人吉領主に復帰した。

**戦国時代当主 相良義陽（さがらよしひ）（1544年～1581年）**

祖父の後見を受けて11歳で家督を継ぐが、祖父の死後に叔父が反乱。討伐には成功するが、再び内紛が起き、家中の統制に苦労する。のちに島津家に降伏し、島津側の武将として阿蘇家を攻撃。友人だった阿蘇家の軍師・甲斐宗運に討たれた。

## 戦国大名化した宮司の一族
# 阿蘇家（あそけ）

阿蘇山を祀る大宮司の家系。島津家に敗北後、豊臣秀吉に領土を与えられるが一揆への関与を疑われて断絶。その後、加藤清正のはからいで復活した。

**戦国時代当主 阿蘇惟将（あそこれまさ）（1520年～1583年）**

先代の当主である阿蘇惟豊が死去し、後継者となる。惟将が当主となった時期には、阿蘇家は龍造寺家と島津家に挟まれて圧力を受ける苦しい立場にあった。惟将は甲斐宗雲を軍師に抜擢して外交で周辺国との関係を保ち、阿蘇家を存続させた。

## 島津家に反発したが出戻った一門
# 肝付家（きもつきけ）

島津家の荘園管理を務めていたが、戦国時代には伊東家と結んで島津家と対立する。肝付兼護の代で島津家に従い、所領を没収されて一武将となった。

**戦国時代当主 肝付兼続（きもつきかつつぐ）（1511年～1566年）**

肝付家第十六代当主。島津家と友好的な関係を築いていたが、やがて島津貴久と対立し、伊東家と結んで島津家と戦った。勝利を重ねて一時は島津家を圧倒したが、島津家の反撃によって居城の高山城を落とされ、消息不明となる。自殺説も存在する。

## 島津家の好敵手だった九州南部の強豪
# 伊東家（いとうけ）

隣国の島津家とは昔から衝突を繰り返し、戦国時代には島津家を圧倒した時期もあったが、敗北して国を追われる。のちに豊臣秀吉によって飫肥領主となる。

**戦国時代当主 伊東義祐（いとうよしすけ）（1512年～1585年）**

伊東家当主だった兄が早世し、後継者となった弟も病死してしまったため、伊東家の第十代当主となる。肝付家と結んで島津領内に何度も攻め込み、伊東家の最盛期を築いた。しかし、木崎原の戦いで大敗して多くの重臣を失い、没落していった。

第3章 その他の群雄　相良家／阿蘇家／肝付家／伊東家

## 戦国コラム 10

# 戦国のくらしについて

### 戦国時代の人々の生活はどんなもの？

第3章 戦国コラム ⑩ 戦国のくらしについて

### ☁ 民衆の職業

　武将たちが戦いに明け暮れているあいだ、一般の人々は、どのような生活をしていたのだろうか？

　人々は現代と同じようにさまざまな職業に就き、収入の一部を年貢として領主に納めていた。年貢というと米のイメージがあるが、人々が生活するところには稲作に向かない場所もある。そうしたところでは魚や材木、鉱物など地域ごとの産物や、加工品などを年貢として納める場合があった。

　合戦のときは集落ごとに人口に応じた数の兵士を出した。武器は民衆が自前で用意するのが一般的だったため、豊臣秀吉による刀狩りが始まるまで、民衆は武装しているのが普通だった。

### 戦国時代の民衆のおもな職業

#### ● 農民（生産者）●
米をはじめとする農作物を育てる農民のほか、沿岸地域では漁業、森林地域では猟や林業などで収入を得ていた人々。合戦が始まれば兵士として戦うこともあり、集落の自警団として武器を持つことも多かった。

#### ● 商人 ●
生産者が作ったものを買い取って売りさばいたり、売るための流通経路を開拓・整備した。大規模な商売を行って多額の利益をあげる豪商たちのなかには、大名と繋がりをもってお抱え商人となる者もいた。

#### ● 職人 ●
鍛冶職人、大工、塗師など生産物を加工してさまざまな物品を作り出す人々や、庭師のように技術を売りものにする職人がいた。彼らは商人たちに商品を売るだけでなく、農具や生活用品など生活必需品も作った。

#### ● 傭兵 ●
賃金をもらって合戦に参加する者で、本来は生産者であったり、浪人（誰にも仕えていない武士）であった者が、生きるため・食べるために就く職業だった。雑賀衆は本願寺による支援で高価な鉄砲を集めていた。

## 戦国時代の食事

戦国時代の主食は、現代と同じく米だった。貨幣の代わりに米が使われたという時代背景もあり、稲作に不向きな地域でも米は手に入れやすかった。また、東北や北陸より暖かい地方では、麦もよく栽培されて主食となった。

室町時代に登場した味噌汁も、庶民の食卓の定番メニュー。芋の茎を編んで味噌で煮しめた「芋がら縄」は、煮込むだけで味噌汁になるため、兵士たちの携帯食料としても愛用された。ほかには海や川の魚、猪、鹿なども食べられた。

砂糖は貴重品で、甘みにはおもに水飴が使われていたようだ。

## 戦国時代の娯楽

現代にくらべると娯楽は少なかったが、庶民はたびたび行われる祭りや、猿楽・狂言などの芸能を楽しんだ。また、戦見物も娯楽のひとつだったといわれる。

豊臣秀吉が大規模な花見をした記録があるが、庶民に花見が広まったのは江戸時代といわれる。武将たちのあいだでは鷹狩りや囲碁・将棋、茶の湯などが流行っていた。

**徳川家康**
大の鷹狩り好きで知られる。腹心の本多正信も、もとは鷹匠として仕えたという。

## 人々の寿命

戦国時代の平均寿命については諸説あるが、40歳前後だったという説が有力。医療が発達しておらず、インフルエンザのような流行病は脅威だった。特に子どものうちに死んでしまうことが多く、平均寿命を下げる原因になったと考えられる。子ども時代を乗り切ってしまえば、70歳以上まで健康に長生きする例も少なくなかった。

**真田信之**
91歳まで藩主を務め、93歳で大往生。戦国時代でもトップクラスのご長寿武将だ。

第3章 戦国コラム ⑩ 戦国のくらしについて

さくいん
（50音順）

### あ

| 安芸国虎 | 179 |
| 秋山信友 | 99 |
| 明智光秀 | 15 |
| 浅井長政 | 135 |
| 朝倉義景 | 139 |
| 浅野長政 | 49 |
| 足利義昭 | 142 |
| 足利義輝 | 141 |
| 阿閉貞征 | 137 |
| 穴山小介 | 111 |
| 穴山梅雪 | 101 |
| 甘粕景持 | 122 |
| 尼子経久 | 165 |
| 荒木村重 | 28 |
| 安国寺恵瓊 | 163 |
| 安藤守就 | 129 |
| 井伊直政 | 59 |
| 池田勝正 | 154 |
| 池田恒興 | 22 |
| 石川数正 | 62 |
| 石田三成 | 38 |
| 磯野員昌 | 136 |
| 板部岡江雪斎 | 85 |
| 一条兼定 | 179 |
| 稲葉一鉄 | 128 |
| 今川義元 | 125 |
| 岩成友通 | 155 |
| 上杉景勝 | 119 |
| 上杉景虎 | 123 |
| 上杉謙信 | 117 |
| 宇喜多直家 | 167 |
| 宇喜多秀家 | 167 |
| 宇佐美定満 | 118 |
| 氏家卜全 | 130 |
| 海野六郎 | 112 |
| 大内義隆 | 169 |
| 大谷吉継 | 39 |
| 大友宗麟 | 189 |
| 織田信忠 | 21 |
| 織田信長 | 11 |
| 鬼庭綱元 | 75 |
| 小山田信茂 | 100 |

### か

| 柿崎景家 | 121 |
| 筧十蔵 | 112 |
| 片倉小十郎 | 73 |
| 加藤清正 | 40 |
| 加藤嘉明 | 42 |
| 金森長近 | 29 |
| 可児才蔵 | 48 |
| 蒲生氏郷 | 20 |
| 木曽義昌 | 100 |
| 吉川元春 | 160 |
| 霧隠才蔵 | 109 |
| 九鬼嘉隆 | 25 |
| 黒田官兵衛 | 37 |
| 黒田長政 | 46 |
| 高坂昌信 | 97 |
| 香宗我部親泰 | 174 |
| 後藤又兵衛 | 47 |
| 小西行長 | 50 |
| 小早川隆景 | 161 |
| 小早川秀秋 | 51 |

### さ

| 雑賀孫市 | 145 |
| 斎藤道三 | 127 |
| 斎藤朝信 | 121 |
| 斎藤義龍 | 131 |
| 酒井忠次 | 56 |
| 酒井忠世 | 65 |
| 榊原康政 | 58 |
| 佐久間信盛 | 18 |
| 佐久間盛政 | 24 |
| 佐竹義重 | 87 |
| 佐竹義宣 | 87 |
| 佐々成政 | 23 |
| 真田十勇士 | 108 |
| 真田大助 | 107 |
| 真田信之 | 105 |
| 真田昌幸 | 104 |
| 真田幸隆 | 103 |
| 真田幸村 | 106 |
| 猿飛佐助 | 109 |
| 柴田勝家 | 12 |
| 島左近 | 147 |
| 島津家久 | 184 |
| 島津歳久 | 183 |
| 島津豊久 | 185 |
| 島津義久 | 181 |
| 島津義弘 | 182 |

清水宗治 ———— 163
陶晴賢 ———— 169
仙石秀久 ———— 49
十河一存 ———— 153

## た

太原雪斎 ———— 125
大道寺政繁 ———— 84
高山右近 ———— 50
滝川一益 ———— 16
武田勝頼 ———— 98
武田信玄 ———— 93
竹中半兵衛 ———— 36
立花道雪 ———— 190
立花宗茂 ———— 191
伊達成実 ———— 74
伊達輝宗 ———— 71
伊達政宗 ———— 72
谷忠澄 ———— 176
種子島時堯 ———— 185
長宗我部元親 ———— 173
長宗我部盛親 ———— 175
筒井順慶 ———— 147
藤堂高虎 ———— 44
徳川家康 ———— 55
徳川秀忠 ———— 63
豊臣秀長 ———— 34
豊臣秀吉 ———— 33
豊臣秀頼 ———— 51
鳥居元忠 ———— 60

## な

内藤昌豊 ———— 99

直江景綱 ———— 123
直江兼続 ———— 120
鍋島直茂 ———— 194
仁科盛信 ———— 101
丹羽長秀 ———— 13
根津甚八 ———— 113

## は

支倉常長 ———— 77
蜂須賀小六 ———— 35
服部半蔵 ———— 64
馬場信房 ———— 96
林秀貞 ———— 19
原田宗時 ———— 76
風魔小太郎 ———— 83
福島正則 ———— 41
福留親政 ———— 177
北条氏直 ———— 85
北条氏政 ———— 82
北条氏康 ———— 81
北条綱成 ———— 83
細川忠興 ———— 45
細川藤孝 ———— 143
堀秀政 ———— 28
本願寺顕如 ———— 149
本庄繁長 ———— 122
本多忠勝 ———— 57
本多正信 ———— 61

## ま

前田慶次 ———— 17
前田利家 ———— 14
松田憲秀 ———— 84

松永久秀 ———— 152
三好伊三入道 ———— 110
三好清海入道 ———— 110
三好長逸 ———— 154
三好長慶 ———— 151
三好政康 ———— 155
毛利輝元 ———— 162
毛利元就 ———— 159
最上義光 ———— 79
望月六郎 ———— 113
森可成 ———— 26
森蘭丸 ———— 27

## や

柳生宗矩 ———— 65
山県昌景 ———— 95
山中鹿介 ———— 165
山内一豊 ———— 29
山本勘助 ———— 94
結城晴朝 ———— 89
結城秀康 ———— 63
由利鎌之介 ———— 111
吉田孝頼 ———— 177

## ら

龍造寺隆信 ———— 193

## わ

脇坂安治 ———— 43
渡辺守綱 ———— 64

■参考文献

『朝日 日本歴史人物事典』(朝日新聞社)、『家紋の世界 あなたのルーツはここにあった!』インデックス編集部編(イースト・プレス)／『学研M文庫 史伝 佐々成政』遠藤和子著、『学研M文庫 武田家臣団 信玄を支えた24将と息子たち』近衛龍春著、『歴史群像85 2007年10月号』、『歴史群像86 2007年12月号』、『歴史群像87 2008年2月号』、『歴史群像92 2008年12月号』、『歴史群像アーカイブ Vol.6 戦国合戦入門』、『歴史群像シリーズ 実録「花の慶次」武将列伝』中西豪著、『歴史群像シリーズ19 伊達政宗 独眼竜の野望と咆哮』、『歴史群像シリーズ30 豪壮秀吉軍団 天下に雄飛した精鋭列伝』、『歴史群像シリーズ50 戦国合戦大全 上巻 下克上の奔流と群雄の戦い』黒田基樹 平山優 大野信長 藤井尚夫 藤本正行 小木香著、『歴史群像シリーズ51 戦国合戦大全 下巻 天下一統と三英傑の偉業』新宮正春 光武敏郎 貫井正之 三木靖 小笠原清 中村達夫著、『歴史群像シリーズ特別編集 決定版 図説・戦国合戦地図集』、『歴史群像シリーズ特別編集 決定版 図説・戦国合戦集』、『歴史群像シリーズ特別編集 日本100名城公式ガイドブック』日本城郭協会監修、『歴史群像シリーズ特別編集 決定版 図説・戦国甲冑集』伊達昭二著、『歴史群像シリーズ特別編集 全国版 戦国精強家臣団 勇将・猛将・烈将伝』、『歴史群像シリーズ特別編集 戦国九州三国志 島津・大友・龍造寺の戦い』、『新・歴史群像シリーズ3 信長・秀吉・家康 天下統一と戦国の三英傑』、『新・歴史群像シリーズ12 徳川家康 大戦略と激闘の譜』(以上、学研)／『龍造寺隆信 五州二島の太守』川副博著 川副義敦考訂(佐賀新聞社)／『戦国今川氏 その文化と謎を探る』小和田哲男著(静岡新聞社)／『家紋 知れば知るほど』丹羽基二監修(実業之日本社)／『Truth In History8 武田三代興亡記』吉田龍司著、『Truth In History10 上杉謙信 信長も畏怖した戦国最強の義将』相川司著、『Truth In History11 伊達政宗 野望に彩られた独眼龍の生涯』相川司著、『Truth In History13 戦国武将事典 乱世を生きた830人』吉田龍司 相川司 川口素生 清水昇著(以上、新紀元社)／『戦国 北条一族』黒田基樹著、『陸奥・出羽 斯波・最上一族』七宮涬三著、『常陸・秋田 佐竹一族』七宮涬三著、『下野 小山・結城一族』七宮涬三著、『戦国人名辞典 コンパクト版』阿部猛 西村圭子編、『歴史読本 2009年4月号 特集 戦国大名血族系譜総覧』、『天下取り採点 戦国武将205人』、『別冊歴史読本39 戦国武将列伝 甲冑・旗指物・陣羽織等、名品を一挙掲載』(以上、新人物往来社)／『宝島社文庫 戦国武将最強列伝』別冊宝島編集部編(宝島社)、『早わかり戦国史』戸川淳編著(日本実業出版社)／『戦国関種伝 島津義弘 慈悲深き鬼』戦国歴史研究会著、『上杉謙信と宇佐美定満』戦国歴史研究会著、『PHP文庫 戦国合戦事典 応仁の乱から大坂夏の陣まで』小和田哲男著、『PHP新書 戦国大名 県別国盗り物語 我が故郷の武将にもチャンスがあった!?』八幡和郎著(以上、PHP研究所)／『人物叢書 前田利家』岩沢愿彦著 日本歴史学会編集、『人物叢書 長宗我部元親』山本大著 日本歴史学会編、『人物叢書 今川義元』有光友學著 日本歴史学会編、『人物叢書 大友宗麟』外山幹夫著 日本歴史学会編、『人物叢書 三好長慶』長江正一著 日本歴史学会編、『人物叢書 覚如』重松明久著 日本歴史学会編、『人物叢書 朝倉義景』水藤真著 日本歴史学会編、『人物叢書 浅井氏三代』宮島敬一著 日本歴史学会編(以上、吉川弘文館)

★その他、多くの書籍やウェブサイトを参考にさせていただいております。

## 戦国時代 武将列伝

| 発 行 日 | 2015年11月19日 初版<br>2018年5月28日 第2刷 発行 |
|---|---|
| 編 著 | 株式会社レッカ社 |
| 発 行 人 | 坪井 義哉 |
| 発 行 所 | 株式会社カンゼン<br>〒101-0021 東京都千代田区外神田2-7-1 開花ビル<br>TEL 03(5295)7723<br>FAX 03(5295)7725<br>http://www.kanzen.jp<br>郵便為替 00150-7-130339 |
| 企画・構成・編集 | 株式会社レッカ社／竹之内大輔／慶田玲麻<br>山﨑香弥 |
| ライティング | 松本英明／野村昌隆／永住貴紀／瀬尾洋一 |
| イラスト | 鯵屋槌志／伊吹アスカ／ue☆no／海老原英明／哉牛涼／米谷尚展／佐藤仁彦／丞悪朗／すずき ちぇるな／立澤準一／TOHRU／NAKAGAWA／中山けーしょー／ナチコ／七片藍／虹之彩乃／樋口一尉／藤川純一／誉／みきさと／三好載克／よじろー |
| カバー・本文デザイン | 貞末浩子 |
| DTP | Design-Office アワーズ |
| 印刷・製本 | 株式会社シナノ |

万一、落丁、乱丁などがありましたら、お取り替え致します。本書の写真、記事、データの無断転載、複写、放映は、著作権の侵害となり、禁じております。

ISBN 978-4-86255-324-9
Printed in Japan

定価はカバーに表示してあります。

本書に関するお電話等によるご質問には一切お答えできません。ご意見、ご感想に関しましては、kanso@kanzen.jpまでEメールにてお寄せ下さい。お待ちしております。